图说中华水文化丛书

图说 水与文学艺术

◎ 朱海风　张艳斌　史月梅　著

中国水利水电出版社
www.waterpub.com.cn

觀宇宙之大俯察品類之盛所以遊目騁懷足以極視聽之娛信可樂也夫人之相與俯仰一世或取諸懷抱悟言一室之內或因寄所託放浪形骸之外雖趣舍萬殊靜躁不同當其欣於所遇暫得於己快然自足不知老之將至及其所之既倦情隨事遷感慨係之矣向之所欣

永和九年歲在癸丑暮春之初會于會稽山陰之蘭亭修禊事也群賢畢至少長咸集此地有崇山峻領茂林修竹又有清流激湍映帶左右引以為流觴曲水列坐其次雖無絲竹管弦之盛一觴一詠亦足以暢敘幽情

《中华水文化书系》编纂工作领导小组

顾　问：张印忠　中国职工思想政治工作研究会会长
　　　　　　　　中华水文化专家委员会主任委员
组　长：周学文　水利部党组成员、总规划师
成　员：陈茂山　水利部办公厅巡视员
　　　　孙高振　水利部人事司副司长
　　　　刘学钊　水利部直属机关党委常务副书记
　　　　　　　　水利部精神文明建设指导委员会办公室主任
　　　　袁建军　水利部精神文明建设指导委员会办公室副主任
　　　　陈梦晖　水利部新闻宣传中心副主任
　　　　曹志祥　教育部基础教育课程教材发展中心副主任
　　　　汤鑫华　中国水利水电出版社社长兼党委书记
　　　　朱海风　华北水利水电大学党委书记
　　　　王　凯　南京市水利局巡视员
　　　　张　焱　中国水利报社副社长
　　　　王　星　中华水文化专家委员会副主任委员
　　　　王经国　中华水文化专家委员会副主任委员
　　　　靳怀堾　水利部海委漳卫南运河管理局副局长
　　　　　　　　中华水文化专家委员会副主任委员
　　　　符宁平　浙江水利水电学院党委书记

领导小组下设办公室

主　任：胡昌支
成　员：李　亮　淡智慧　周　媛　杨　薇　李晔韬　王艳燕　刘佳宜

《中华水文化书系》包括以下丛书：
《水文化教育读本丛书》
《图说中华水文化丛书》
《中华水文化专题丛书》

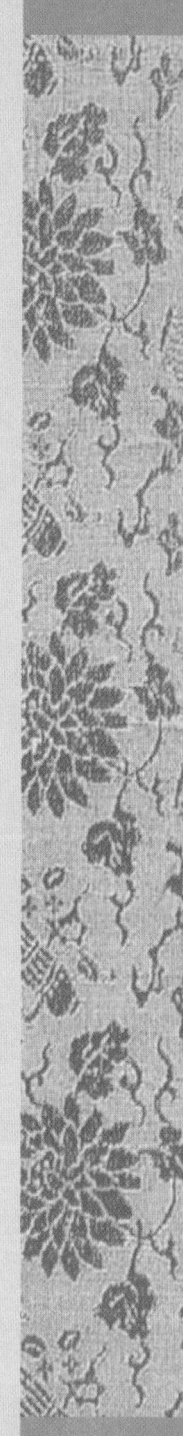

《图说中华水文化丛书》编委会

主　任：周金辉

副主任：李　亮

委　员：（按姓氏笔画排序）
　　　　王英华　王瑞平　吕　娟　朱海风　任　红
　　　　向柏松　李红光　武善彩　贾兵强　靳怀堾

丛 书 主 编：靳怀堾

丛书副主编：朱海风　吕　娟

《图说水与文学艺术》编写人员

朱海风　张艳斌　史月梅　著

李宗新　主审

责任编辑：李　亮　LeeL@waterpub.com.cn

文字编辑：李　亮

美术编辑：李　菲

插图创作：北京智煜文化传媒有限公司

插图配置：李　亮

丛书各分册编写人员

《图说治水与中华文明》　贾兵强　朱晓鸿　著　／　靳怀堾　主审

《图说古代水利工程》　王英华　杜龙江　邓俊　著　／　吕娟　主审

《图说水利名人》　任红　陈陆　刘春田　等　著　／　程晓陶　主审

《图说水与文学艺术》　朱海风　张艳斌　史月梅　著　／　李宗新　主审

《图说水与风俗礼仪》　史鸿文　王瑞平　陈超　编著　／　李宗新　主审

《图说水与衣食住行》　李红光　马凯　程麟　刘经体　编著　／　吕娟　主审

《图说中华水崇拜》　向柏松　著　／　靳怀堾　主审

《图说水与战争》　武善彩　欧阳金芳　著　／　朱海风　主审

《图说诸子论水》　靳怀堾　著　／　赵新　主审

弘扬先进水文化
推进治水兴水千秋伟业
——《中华水文化书系》总序

水是人类文明的源泉。我国是一个具有悠久治水传统的国家，在长期实践中，中华民族创造了巨大的物质和精神财富，形成了独特而丰富的水文化。这是中华文化和民族精神的重要组成，也是引领和推动水利事业发展的重要力量。面对当前波澜壮阔的水利改革发展实践，积极顺应时代发展要求和人民群众期盼，大力推进水文化建设，努力创造无愧于时代的先进水文化，既是一项紧迫工作，也是一项长期任务。

水利部党组高度重视水文化建设，近年来坚持从水利工作全局出发谋划水文化发展战略，着力把水文化建设与水利建设紧密结合起来，与培育发展水利行业文化紧密结合起来，与群众性宣传教育活动紧密结合起来，明确发展重点、搭建有效平台、突出行业特色，有力发挥了水文化对水利改革发展的支撑和保障作用。特别是2011年水利部出台《水文化建设规划纲要（2011—2020年）》，明确了新时期水文化建设的指导思想、基本原则和目标任务，勾画了进一步推动水文化繁荣发展的宏伟蓝图。

水文化建设是一项社会系统工程，落实好规划纲要各项部署要求，必须统筹协调各方力量，充分发挥各方优势，广泛汇聚各方智慧，形成共谋文化发展、共建文化兴水的强大合力。为抓紧落实规划纲要明确的编纂水文化丛书、开展水文化教育等任务，中国水利水电出版社在深入调研论证基础上，于2012年组织策划"中华水文化书系"大型图书出版选题，并获得了财政部资助。为推动项目顺利实施，水利部专门成立《中华水文化书系》编纂工作领导小组，启动了编纂工作。在编纂工作领导小组的组织领导下，在各有关部门和单位的鼎力支持下，在所有参与编纂人员的共同努力下，经过历时一年的艰辛付出，《中华水文化书系》终于编纂完成并即将付梓。

《中华水文化书系》包括《水文化教育读本丛书》《图说中华水文化丛书》《中华水文化专题丛书》三套丛书及相应的数字化产品，总计有26个分册，约720万字。《水文化教育读本丛书》分别面向小学、中学、大学、研究生和水利职工及社会大众等不同层面读者群，《图说中华水文化丛书》采用图文并茂形式对水文化知识进行了全面梳理，《中华水文化专题丛书》从理论层面分专题对传统水文化进行了深刻解读。三套丛书既有思想性、理论性、学术性，又兼顾了基础性、普及性、可读性，各自特色鲜明又在内容上相互补充，共同构成了较为系统的水文化理论研究体系、涵盖大中小学的水文化教材体系和普及社会公众的水文化知识传播体系。《中华水文化书系》作为水利部牵头组织实施的一项大型图书出版项目，是动员社会各界人士总结梳理、开发利用中华水文化成果的一次有益尝试，是水文化领域一项具有开创意义的基础性战略性工程。它的出版问世是水文化建设结出的丰硕成果，必将有力推动水文化教育走进学校课堂、水文化传播深入社会大众、水文化研究迈向更高层次，对促进水文化发展繁荣具有十分重要的意义。

文化是民族的血脉和灵魂。习近平总书记明确指出："一个国家、一个民族的强盛，总是以文化兴盛为支撑的，中华民族伟大复兴需要以中华文化发展繁荣为条件。"水文化建设是社会主义文化建设的重要组成部分，大力加强水文化建设，关系社会主义文化大发展大繁荣，关系治水兴水千秋伟业。我们要以《中华水文化书系》出版为契机，紧紧围绕建设社会主义文化强国、推动水利改革发展新跨越，认真践行"节水优先、空间均衡、系统治理、两手发力"新时期水利工作方针，不断加大水文化研究发掘和传播普及力度，继承弘扬优秀传统水文化，创新发展现代特色水文化，努力推出更多高质量、高品位、高水平的水文化产品，充分发挥先进水文化的教育启迪和激励凝聚功能，进一步深化和汇集全社会治水兴水共识，奋力谱写水利改革发展新篇章，为实现"两个一百年"奋斗目标和中华民族伟大复兴的中国梦提供更加坚实的水利支撑和保障。

是为序。

2014年12月28日

《图说中华水文化丛书》序

古人说："水者，何也，万物之本原也，诸生之宗室也"（《管子》）；"太一生水。水反辅太一，是以成天。天反辅太一，是以成地"（《太一生水》）。又说："上善若水。水善利万物而不争，处众人之所恶，故几于道"（《老子·八章》）；"知者乐水，仁者乐山"（《论语·雍也》）。

水，是我们人类居住的地球上分布最广的一种物质，浮天载地，高高下下，无处不在。水是生命之源，是包括人类在内的万千生物赖以生存的物质基础。现代人经常仰望星空，不断叩问"哪个星球上有水？"因为有水的地方才会有生命的存在。"水生民，民生文，文生万象"。水养育了人类，它给万民带来的恩惠远远超过世间其他万物；同时，人类作为大自然的骄子，不但繁衍生息须臾离不开水，创造文化更少不了水的滋润和哺育。

文化者，人文教化之谓也，民族灵魂之光也。中华文明是地球上最古老、最灿烂的文明之一。中华本土文化源远流长，博大精深。考察中华民族文化的发展史，不难发现，水与我们这个民族文化的孕育、发展关系实在是太密切了，中华文化中的许多方面都有水文化的光芒在闪耀。比如，人们习惯把黄河称为中华民族的母亲河和中华文明的摇篮，在一定意义上道出了中华文化与水之关系的真谛。

水文化是一个非常古老而十分新颖的文化形态。说它非常古老，是因为自从在我们这个星球上有了人类的活动，有了人类与水打交道的"第一次"，就有了水文化；说它十分新颖，是因为在我国把水文化作为一种相对独立的文化形态提出来进行研究，是20世纪80年代末以后的事。

那么，何谓水文化呢？

水文化是指人类在劳动创造和繁衍生息过程中与水发生关系所生成的各种文化现象的总和，是民族文化以水为载体的文化集合体。而人水关系不但伴随着人类发展的始终，而且几乎涉及社会生活的各个方面，举凡经济、政治、科学、文学、艺术、宗教、民俗、体育、军事等各个领域，无不蕴含着丰富的水文化因子，因而水文化具有深厚的内涵和广阔的外延。

需要指出的是，文化是人类社会实践的产物，人是创造文化的主体。而水作为一种自然资源，自身并不能生成文化，只有当人类的生产生活与水发生了关系，人类有了利用水、治理水、节约水、保护水以及亲近水、观赏水等方面的活动，有了对水的认识和思考，才会产生文化。同时，水作为一种载体，通过打上人文的烙印即"人化"，可以构成十分丰富的文化资源，包括物质的——经过人工打造的水环境、水工程、水工具等；制度的——人们对水的利用、开发、治理、配置（分配）、节约、保护以及协调水与经济社会发展关系过程中所形成的法律法规、规程规范以及组织形态、管理体制、运行机制等；精神的——人类在与水打交道过程中创造的非物质性财富，包括水科学、水哲学、水文艺、水宗教等。与此同时，这些在人水关系中产生的特色鲜明、张力十足的文化成果，反过来又起到"化人"的作用——通过不断汲取水文化的养分，能滋润我们的心灵世界，培育我们"若水向善""乐水进取"等方面的品格和情怀。

随着物质生活水平的大幅度提高，人们对精神文化的追求越来越强烈。水文化作为中华文化的重要组成部分，如何使之从神秘的殿堂中走出来，让广大民众了解和认知，也就成了一个大的问题。目前，水文化还是个方兴未艾的学科，有关理论和实践方面的书籍虽说也能摆一两个书柜，但大多因为表达过于"专业"，不太适应大众的口味和需求。有道是，曲高和寡。就水文化而言，深入深出，只有少数专家学者能消费得起，而大多数人则望而却步，敬而远之，更遑论"家喻户晓，人人皆知"了。

但用什么方式把水文化表达出来，让"圈外人"都能看懂、理解，当然，如能在懂得、感悟的基础上会心一笑，那是再好不过了。思来想去，还是深入浅出最好，但如何走出水文化高高在上的"象牙塔"，做到平易亲和，生动活泼，让广大读者乐于接受呢？这需要智慧，需要创意。

好在中国水利水电出版社匠心独运，诸位编辑在思维碰撞、智慧对接中策划出"图说"——这种读者喜闻乐见的方式，来讲述人与水的故事；继而经过多位水文化学者和绘画专家的经之营之、辛勤耕耘，终于有了这套《图说中华水文化丛书》。要说明的是，尽管这套丛书有九册之多，但在水文化的宏大体系中，不过是冰山一角，管中窥豹。

在设计这套丛书的编写内容时，一方面，我们注意选择了水与人们生产生活关系最密切的命题，如衣食住行中的水文化、文学艺术中的水文化等，力求展示人水关系的丰富性和广泛性；另一方面，也选取了一些"形而上"的命题，如先秦诸子论水、治水与中华文明、中华水崇拜等，力求挖掘人水关系的深刻性和厚重性。在表达方式上，我们力求用通俗易懂的语言讲述人水关系的故事，强调知识性、趣味性、可读性的有机融合。至于书中的一幅幅精美的图画，则是为了让图片和文字相互陪衬，使内容更加生动形象，引人入胜，从而为读者打开一扇展现水文化风采和魅力的窗口。

虽然我们就丛书编纂中的体例、风格、表述方式等有关问题进行了反复讨论，达成了共识，并力求"步调一致"，落到实处，但因整套丛书由多位作者完成，每个人的学养、文风和表达习惯不同，加之编写的时间比较仓促，不尽如人意的地方在所难免，敬请读者批评指正。

靳怀堾
2014年12月16日

图解文学艺术之水
诉说无尽人水情缘
——前言

水，是生命之源，它孕育了地球上的一切生物；水，是文明之源，它浸泡了人类文明的种子，华夏文明的历史就是一部人与水之间的关系史；水，孕育了中国文化，以其丰富的文化资源影响着人们的思想、观念和行为；水，还是启迪文心和艺术匠心的源泉，水对中国古代文学艺术的影响是直接、深刻而又巨大的。

自古以来，中国文人墨客无不对水倾注着真挚的感情，尤为突出的是，水在文学艺术创作中的分量与地位举足轻重，咏诵水的文学艺术作品可谓如织似绣，不可胜数。水在文人那里获得了深厚的文化意蕴，经过文学艺术的描绘，更充分展示出深蕴其中的美。

刘勰《文心雕龙·物色》说："若乃山林皋壤，实文思之奥府……然屈平之所以能洞鉴风骚之情者，亦江山之助乎！"水既是文学艺术表现的对象，又是启迪文心和艺术匠心的源泉。细读中国的经典文学作品，几乎无水不写，写则涉水。中国古代文学的各种形式——神话、诗歌、散文，乃至书法、文字、楹联，等等，都与水结下了不解之缘。

我国原始神话中保留了大量与水有关的故事和传说。华夏先民对水的依赖及对水所具有的无限威力和神圣力量的崇拜，生发许多与水相关的奇妙幻想，产生了许多与水密切关联的神话。这些神话故事为后世的文学创作积累了丰富的创作素材。《淮南子》《山海经》《列子》《水经注》《博物志》等书中，都收录了众多与水有关的神话故事，如女娲补天、精卫填海、后羿射日、鲧禹治水这些家喻户晓的故事，都出自上述神话著作。这些关于水的神话占有相当大的比重，构成了中华水文化的一个不可或缺的重要组成部分。

水是古代诗歌不休的主旋律。在我国文学的艺苑里，诗歌以姹紫嫣红、千姿百态的神韵，盛开在祖国文学的百花园里。诗歌是中国古代文学最早出现也是最重要的表现形式之一，而咏水诗更是我国诗歌宝库的珍品。无水花不开，无水花不艳。水入诗，应追溯到《诗经》时代以前。到了魏晋时期，山水诗大盛，水的自然美在诗中得以充分体现。我国第一首真正意义上的咏水诗，当属三国时曹操的《观沧海》。南北朝时期，出现大量咏雪诗，山水诗已成为独立的诗派出现于诗坛，此后咏水诗篇层出不穷。唐宋时期，山水诗达到了空前繁荣阶段。晚清时期，不少诗人出国求学，眼界大开，咏海诗篇激增。水，始终是历代诗人创作、讴歌的主旋律之一，水为诗歌的创作增添了无限生机和绚丽光彩。咏诵水的诗句多得不可胜数，足见水在诗歌中的分量与地位。

中国文字中蕴含着丰富的水文化元素。中国是历史悠久的文明古国，中国人的许多智慧来自于水。水是一种弥足珍贵的自然资源、经济资源，也是一种非常重要的文化资源。众所周知，汉字属于象形文字，具有很强的表意功能。从汉字的角度认识"水"，选取与"水"密切相关的文字，来赏析文字世界里的"水"，探究古人造字时的巧妙构思和良苦用心，发掘与水字有关的汉字的文化特征和水文化意蕴，这些都能加深我们对水文化的理解。

中华民族几千年丰厚的文化底蕴蕴藏着山水散文的妙语佳句。千古美景，千古散文，如一股清澈的山泉缓缓流淌在青山绿水之间，流淌在几千年文化积淀的母体之上，中华民族几千年的灵韵，也似乎都蕴蓄在这高山、流水、千古佳作之中。韵美、景美、文更美，每一篇山水散文都是一幅山水景物的画卷，它展现给我们的是几千年的大好河山，描绘给我们的是声色俱佳的山川美景，神游其中，仿佛如置身其境的感观享受，留给我们的是无穷尽的精神韵味与广阔的想象空间！由古流到今，流向遥远未知的将来，一样的清澈，一样的欢畅，一样的美丽。

以表现水景为主题的山水画在中国绘画史上占有极其重要的地位。"诗画本一理，天工与清新。""诗中有画，画中有诗。""诗为有声之画，画为无声之诗。"中国的山水画同样是"艺术意境中的山水"，山水画追求画中的诗意，诗意在山水画中的体现有着独特地位。不得不说，这二者之间，有着一种天然的缘分，诗与画结合相得益彰、天衣无缝，成为绘画艺术与文学艺术结合的一个典范。滚滚奔流的江河，烟波浩渺的湖海，灵动的飞瀑和潺潺的溪泉等，纷纷走入画家的心田，成为画布上"艺术的山水"。

中国的书法和音乐同样得益于山水自然的熏陶。书法艺术讲究气韵生动，而水有流泻之美。江河瀑布和风云急雨的流转浮动所表现出的气韵与书法艺术十分相近。江河暴涨时的激湍奔泻，湖泊平静时的深沉舒缓，瀑布倾泻时的"飞流直下"，流云飞动时的飘逸潇洒，这些都对中国书法艺术具有潜移默化的影响。"非必丝与竹，山水有清音。"水对音乐有着潜移默化的熏陶作用。当人们面对滔滔江河、浩瀚大海、山泉飞瀑、潺潺溪流、雨打芭蕉时，往往能从中感受到水的自然旋律和音韵美，从而产生一种"大乐与天地和"、"洋洋乎若江河"的乐感，通过音乐的艺术加工，这种水的"自然旋律和节奏"会得到集中和升华，将引导人们去"把握世界生命万千形象力最深的节奏起伏"（宗白华《美学与意境》，人民出版社，1987年版）。

水与雕塑的结合彰显了水文化的巨大魅力。雕塑是古老的造型艺术，是雕、刻、塑三种创制方法的总称，它是利用砖、石、玉、木、竹、骨、金属等材料，通过雕、刻、塑制作的各种艺术形象。我国以水为题材的雕塑有很多：有万民敬仰的大禹治水雕像，有万世膜拜的李冰父子塑像，有大慈大悲的水月观音塑像……独具匠心的雕塑设计，或表现治水名人造福人民的不朽功勋，或讴歌中华民族不畏艰险用水治水的伟大精神，或诉说荡气回肠的水情水事。水与雕塑的完美结合，相得益彰，让人进入了一座艺术圣殿。

水文化与戏曲文化的碰撞极大地丰富了艺术的表现形式。戏曲主要是由民间歌舞、说唱和滑稽戏三种不同艺术形式综合而成。它起源于原始歌舞，是一种历史悠久的综合舞台艺术形式。经过汉、唐到宋、金才形成比较完整的戏曲艺术，它由文学、音乐、舞蹈、美术、武术、杂技以及表演艺术综合而成，约有360多个种类。它的特点是将众多艺术形式以同一种标准聚合在一起，在共同具有的性质中体现其各自的个性。水与戏曲二者的结合，将水元素融入到中国传统的戏曲文化创造之中，无疑是一种有价值、有内涵的艺术创造。

水与楹联结缘成为水文化的一道亮丽风景。楹联也称对联，它对仗工整、韵律协调，是集实用性与文学性为一体的文学形式。它具有深厚的民族文化底蕴，是中华民族传统文化中的瑰宝。楹联遍布于我国的山水名胜、亭台楼阁、城寨村落、戏台井泉、书院宗祠、庙宇寺观……这些灿若珠玑的水名胜楹联，不仅切地、切人、切事，或启迪人类的心智，或陶冶人们的性情，或反映一定社会历史时期的风土民情等，尤其是与书法、绘画相结合之后，具有很强的观赏价值和文化内涵，具有独特的文学性和艺术美。

总之，水，展示了无穷无尽的生命力，孕育了诗歌的无限魅力，启蒙了人类的哲学思辨，激发了文学艺术的源泉和灵感；促进了人类的和谐共生与发展。人与水的情缘深远绵长，在大千世界里，人水关系至宏至微，难以尽述。似乎世间万物都与水有着不解之缘。特别是"神话、诗歌、散文、楹联、雕塑、戏曲、书法、文字、绘画、音乐"等文学艺术形式中所蕴含的水文化元素，让我们体悟到了水文化的丰富内涵和无穷魅力，认识到了水的重要地位和深远意义，深深震撼于古代先哲文人的智慧，也因此深深体悟到：生命来源于水，文明发祥于水，文化孕育于水，文学启迪于水，艺术成就于水。正是因为水的崇高而伟大的魅力，使我们深感水的可亲、可爱、可敬、可畏。

林语堂在《生活的艺术》中说，西方的艺术冲动发端于女人，中国的艺术冲动发端于山水。纵观水对中国文学艺术的启迪、推动和影响，这句话是颇为中肯的。我们编写《图说水与文学艺术》一书，也试图用通俗易懂、图文并茂的形式，通过细致梳理水与文学艺术的交融历程，揭示水与文学艺术的关系，挖掘水在文学艺术领域的文化内涵，寻绎出华夏文化的"水之源""水之流"，以娱耳目，以净心灵，以飨读者，在"用文化赏析水，用文化润色水，用文化透视水，用文化规律水"等方面作一初步的探索和尝试。我们也希望这部抛砖引玉之拙作，能引起更多的人对"水与文学艺术"这一问题的关注和研究，以便更好地大力弘扬以水喻示的这些中华民族的崇高精神和美德，并以此引领社会风尚，推进我国水文化的发展和繁荣，为实现中华民族伟大复兴的中国梦作出应有的努力和贡献！

限于学识水平，本书图说不当之处，在所难免，敬祈专家、读者批评指正。

朱海风

2014年12月

于郑州

目 录

弘扬先进水文化 推进治水兴水千秋伟业——《中华水文化书系》总序

《图说中华水文化丛书》序

图解文学艺术之水 诉说无尽人水情缘——前言

1 第一章 惊天动地——水与神话

2 盘古开天，地有江河——盘古开天辟地

4 共工触山，洪水泛滥——共工怒触不周山

5 女娲炼石，止水补天——女娲补天

6 精卫填海，锲而不舍——精卫填海

7 鲧禹治水，疏通九州——大禹治水

10 射日除害，造福人间——后羿射日

11 妈祖护航，神佑郑和——妈祖故事

15 第二章 情牵梦萦——水与诗歌

16 淡淡流水，泛泛柏舟——咏流水

19 万古江河，百川东流——赞江河

26 水光潋滟，潭面无风——观湖泊

29 大海广阔，涤心扩怀——颂大海

32 潮来怒卷，汐自东西——叹潮汐

35 声喧石乱，色静深松——歌婉溪

38 松间明月，石上清泉——听泉声

43 挂流百丈，半洒云天——望飞瀑

47 夜来风雨，润物无声——品雨韵

50 六出飞花，琼枝玉龙——赏瑞雪

57 第三章 意味深长——水与散文

58 芳草鲜美，落英缤纷——东晋陶渊明《桃花源记》

59 高峰入云，清流见底——南朝梁陶弘景《答谢中书书》

60 泉水激石，泠泠作响——南朝梁吴均《与宋元思书》

61 重岩叠嶂，隐天蔽日——北朝魏郦道元《水经注·江水·三峡》

62 下见小潭，水尤清冽——唐代柳宗元《小石潭记》

63 浩浩汤汤，横无际涯——北宋范仲淹《岳阳楼记》

65 风霜高洁，水落石出——北宋欧阳修《醉翁亭记》

66 清风徐来，水波不兴——北宋苏轼《赤壁赋》

68 吞天沃日，势极雄豪——南宋周密《观潮》

69 寒浃肌肤，清入肺腑——明代沈周《记雪月之观》

70 小船轻幌，净几暖炉——明代张岱《湖心亭看雪》

71 三瀑三异，卒无复笔——清代袁枚《浙西三瀑布记》

75 第四章 文海辞源——水与文字

77 江流天地，水色有无——"江"字解

79 谁谓河广，一苇杭之——"河"字解

81 水光潋滟，山色空蒙——"湖"字解

82 淡泊明志，宁静致远——"泊"字解

84 海纳百川，有容乃大——"海"字解

86 汪洋恣肆，变化无端——"洋"字解

88 不临深溪，不知地厚——"溪"字解

89 清泉细流，云水自闲——"泉"字解

91 风起浪涌，跌宕生姿——"浪"字解

92 惊涛万里，水合无痕——"涛"字解

94 雨润万物，欣欣向荣——"雨"字解

98 瑞雪丰年，梨花千树——"雪"字解

100 雾失楼台，月迷津渡——"雾"字解

102 玉壶冰心，日月可鉴——"冰"字解

103 金风玉露，人间无数——"露"字解

105 蒹葭苍苍，白露为霜——"霜"字解

109 第五章 诗中的诗——水与楹联

110 雄浑黄河，禹凿龙门——龙门楹联

111 壮阔长江，黄鹤名楼——黄鹤楼楹联

112 美丽西湖，联冠天下——西湖楹联

114 雄阔洞庭，浩瀚胜景——洞庭湖楹联

115 滇池大观，第一长联——昆明大观楼楹联

116 神秀太湖，烟水迷茫——鼋头渚澄澜堂楹联

117 天下奇观，雄奇壮阔——黄果树瀑布楹联

119 泉水叮咚，漫话楹联——名泉楹联

125 第六章 水墨交融——水与书法

126 流觞曲水，乘兴而书——东晋王羲之行书《兰亭集序》

128 居高思坠，持满戒盈——唐代欧阳询正书《九成宫醴泉铭》

131 水寒潭清，爽籁清风——书帖《滕王阁序》

132 精致唯美，圆转流丽——书帖《赤壁赋》

132 元气淋漓，劲健豪迈——书帖《岳阳楼记》

133 笔妙喻水，坼壁屋漏——以水为师的书法创作理论

137 第七章 水袖翩翩——水与戏曲
　138 银锅煮海，降服龙王——元代杂剧《张生煮海》
　139 水漫金山，勇斗法海——清代传奇《雷峰塔》
　141 水浒英雄，智斗渔霸——京剧《打渔杀家》
　141 书生侠义，得配龙女——越剧《柳毅传书》
　144 只羡鸳鸯，双飞人间——越剧《追鱼》
　146 碧莲池畔，际会仙女——黄梅戏《牛郎织女》
　147 爱恨悠悠，覆水难收——京剧《马前泼水》
　148 情比金坚，以水为证——淮剧《蓝桥会》

151 第八章 尽收眼底——水与绘画
　152 汉代画像砖《采莲图》
　152 秀骨清像，妙写洛神——魏晋南北朝的山水画
　153 青绿山水，细说幽情——隋唐五代山水画
　155 水墨丹青，巧绘山水——宋代山水画
　160 渐入佳境，笔随心变——元代山水画
　163 浓墨重彩，炫夺眼目——明代山水画
　168 不拘成法，文人画水——清代山水画

173 第九章 心声倾诉——水与音乐
　174 巍巍高山，汤汤流水——《高山流水》
　175 云水苍茫，壮丽迷人——《潇湘水云》
　176 溪山夜月，梅影横江——《梅花三弄》
　177 秋高气爽，风静沙平——《平沙落雁》
　177 鼓棹水上，笑傲江湖——《醉渔唱晚》
　178 碧波万顷，雁阵惊寒——《渔舟唱晚》
　179 山之巍巍，水之洋洋——《渔樵问答》
　179 碧水连天，烟波浩渺——《洞庭秋思》
　180 春花雪月，宛转低回——《春江花月夜》
　181 榜讴齐引，渔歌互起——《渔歌》

185 第十章 浮想联翩——水与雕塑
　186 大禹治水，万民景仰——大禹塑像
　188 水利功臣，万世膜拜——李冰父子塑像
　189 水母坐瓮，感天动地——晋祠水母楼
　190 天上玉皇，地上龙王——龙王塑像
　191 铁牛镇水，五行相克——镇水铁牛

194 后记

第一章 惊天动地——水与神话

水是生命之源,是人类赖以生存和发展的物质基础。在远古时代,华夏先民依赖水、崇拜水、畏惧水,从而产生了许多与水有着密切联系、奇异虚幻的故事和传说,我们可以称之为"水神话"。水神话在中国古代神话中占有相当大的比重,是中华文化不可或缺的组成部分,也是值得重视的文化现象,如盘古开天辟地、共工怒触不周山、女娲补天、精卫填海、大禹治水、后羿射日等,这些神话主要保留在《山海经》《楚辞》《列子》等典籍中。

盘古开天,地有江河——盘古开天辟地

"盘古开天辟地"是一个家喻户晓的英雄神话,最早出现在三国时期吴国太常卿徐整所著的《三五历纪》中:

天地浑沌如鸡子,盘古生其中。万八千岁,天地开辟,阳清为天,阴浊为地。盘古在其中,一日九变,神于天,圣于地。天日高一丈,地日厚一丈,盘古日长一丈,如此万八千岁。天数极高,地数极深,盘古极长。故天去地九万里,后乃有三皇。

天气蒙鸿,萌芽兹始,遂分天地,肇立乾坤,启阴感阳,分布元气,乃孕中和,是为人也。首生盘古,垂死化身,气成风云,声为雷霆;左眼为日,右眼为月;四肢五体为四极五岳;血液为江河;筋脉为地里;肌肉为田土;发髭为星辰;皮毛为草木;齿骨为金石;精髓为珠玉;汗流为雨泽;身之诸虫,因风所感,

盘古开天辟地

化为黎氓。

传说在太古时候，天地还没有开辟，宇宙混沌一团，太空中飘浮着一个巨星，形状非常像一个鸡蛋，在无际的黑暗云雾中运行，万籁无声。就在那巨星的内部，有个叫做盘古的巨人在这个"大鸡蛋"中一直酣睡了约一万八千年。他醒来后，发现四周一团黑暗，就用他的大斧头不停地开凿，试图从混沌中挣脱出来。也不知过了多久，经过艰苦卓绝的努力，盘古挥出最后一斧，只听一声巨响，"大鸡蛋"变成了两半巨星。千万年的混沌黑暗被搅动了，盘古头上的一半巨星中又轻又清的东西化为气体，不断上升并渐渐散开，变成蓝色的天空；脚下的一半巨星中那些厚重混浊的东西慢慢地下降，不断加厚，变成了脚下的土地。盘古站在这天地之间非常高兴。盘古很怕天地再合拢起来变成以前的样子，他就用手撑着青天，双脚踏着大地，让自己的身体每天长高一丈。随着他的身体增长，天每天增高一丈，地每天加厚一丈。这样又过了十万八千年，天越来越高，地越来越厚，盘古随之也长得越来越高大，盘古的身体长得有九万里那么高了，成了"顶天立地"的英雄。盘古凭借着自己的神力终于把天地开辟出来了。可是盘古也累得倒下了，再也没能站起来。盘古嘴里呼出的气变成了四季飘动的云；声音变成了天空的雷霆；他的左眼变成了太阳，右眼变成了月亮；头发和胡须变成了夜空的星星；他的身体变成了东、西、南、北四极和雄伟的三山五岳；血液变成了江河；筋脉变成了道路；肌肉变成了农田；牙齿、骨骼和骨髓变成了地下矿藏；皮肤和汗毛变成了大地上的草木；汗水变成了雨露。

在湖北神农架地区流传着的"根古歌"，也记述了盘古开天辟地的神话：

一片黑暗和混沌，天地茫茫无一人。乾坤暗暗如鸡蛋，迷迷蒙蒙几千层。盘古生在混沌内，无父无母自长成。那时有座昆仑山，天心地胆在中心，一山长成五龙形，五个嘴唇往下伸，五个嘴唇流血水，一齐流到海洋内，聚会天精与地灵，结个胞胎水上存，长成盘古一个人。❶

这首诗的意思是说，盘古是由昆仑山五龙血水与东海之水汇合孕育而成，生成盘古之水，是由陆地之水与海洋之水汇合而成，是"聚会天精与地灵"的圣水。

❶ 刘守华，著. 鄂西古神话的新发现——神农架历史叙事歌《黑暗传》初评. 中国少数民族文学学会，编. 神话新探. 贵阳：贵州人民出版社，1986.

共工触山，洪水泛滥——共工怒触不周山

共工怒触不周山

共工，炎帝裔，又称共工氏，是中国古代神话中的水神，掌控洪水。《左传·昭公十七年》载："共工氏以水纪，故为水师而水名。"《管子·揆度》云："共工之王，水处什之七，陆处什之三，乘天势以隘制夫下。"《淮南子·本经训》曰："舜之时，共工振滔洪水，以薄空桑。"

"共工怒触不周山"是一个著名的民间神话传说。《淮南子·天文训》载："昔者共工与颛顼争为帝，怒而触不周之山，天柱折，地维绝，天倾西北，故日月星辰移焉；地不满东南，故水潦尘埃归焉。"颛顼，黄帝之后裔，故此战实为黄炎战争之继续。共工素来与颛顼不合，二人之间爆发了惊天动地的大战，最后以共工失败怒触不周山而告终。

关于这个传说，还有另外一种说法。由于炎皇神农时期地球处于冰河时期，那时水灾不明显。到了颛顼大禹期间，冰河期已经过去，气候变热，冰川消融，大地开始不断发大水，而又经常暴雨不断。首领颛顼认为是负责水事管理的共工氏的责任，因此把滔天不断的洪水怪于共工氏，便下令诛杀共工氏。然而杀了共工，水患依然不断，到了尧帝继位，大雨依旧经常下个不停，于是乎尧帝也下令继续追杀共工氏族之人，而祝融氏正是追杀共工氏的执行者。杀戮再继续，暴雨和洪水依旧不停止。其实，根据不少史料记载，共工主观上还是想治水的，也许是由于方法不对，反而使得洪水更加泛滥，《国语·周语下》载："昔共工弃此道也，虞于湛乐，淫失其身，欲壅防百川，堕高堙庳，以害天下。"《史记·律书》载："颛顼有共工之阵，以平水土。"总的看来，共工是负责治理水的官员，只是他采取了削山填谷的堵水的错误方法，没有像大禹一样因地制宜，而是安于享乐，最终错过了治水的最佳时机，招致了更大的灾祸。于是，帝尧震怒，百姓不满，在口耳相传中，"共工"撞倒了不周山，成为了发动洪水的罪魁祸首。

女娲炼石,止水补天——女娲补天

女娲,中国上古神话中的创世女神。又称娲皇、女阴娘娘。据说女娲人首蛇身,一日中七十化变,以黄泥仿照自己抟土造人,神通广大化生万物。但正当人类繁衍生息、一派和乐的时候,水神共工和颛顼打起仗来,他们从天上一直打到地下,闹得天地不宁、人神不安。结果颛顼取胜,共工不甘心失败,一怒之下把头撞向不周山。不周山崩裂了,撑支天地之间的大柱断折了,天倒下了半边,出现了一个大窟窿,地也陷成一道道大裂纹,山林燃烧起了大火,洪水从地底下喷涌出来,龙蛇猛兽也出来吞食人民。一时间哀鸿遍野、民不聊生,人类面临着灭顶之灾。

女娲看在眼里,急在心上。为了阻止悲剧发生,她"炼五色石以补苍天,断鳌足以立四极"(《淮南子·天文训》),选用各种各样的五色石子,架起火将它们熔化成浆,用这种石浆将残缺的天窟窿填好,随后又斩下一只大龟的四脚,当作四根柱子把倒塌的半边天支起来。女娲还擒杀了残害人民的黑龙,刹住了龙蛇的嚣张气焰。最后为了堵住洪水不再漫流,女娲还收集了大量芦草,把它们烧成灰,埋塞向四处铺开的洪流。

经过女娲的不懈努力,裂了的天空被修补了,地被填平了,天地四方的柱子重新竖立了起来,洪水退去,水止住了,龙蛇猛兽销声匿迹了,善良的百姓存活下来,人民又重新过着安乐的生活。女娲背靠大地、怀抱青天,让春天温暖,夏天炽热,秋天肃杀,冬天寒冷。她头枕着方尺、身靠着准绳,以雷电为车,应龙居中驾辕,青虬配以两旁,手持稀奇的瑞玉,铺上带有图案的车垫席,上有黄色的彩云缭绕,前面由白螭开道,后有腾蛇簇拥追随,悠闲遨游,鬼神为之引导,上登九天,朝灵门拜见天道,安详静穆地在大道太祖那里休息。当阴阳之气阻塞不通时,便给予疏理贯通;当逆气伤物危害百姓积聚财物时,便给予禁止消除。尽管如此,这场特大灾祸还是产生了很大的影响,因为天有些向西北倾斜,太阳、月亮和众星辰都很自然地聚向西方,又因为地向东南倾斜,所以江河都往那里汇流。

女娲补天

女娲和伏羲一直被认为是华夏民族的祖先,《说文解字》说:"娲,古之神圣女,化万物者也。"相传盘古开天辟地后,世间并没有人类,于是女娲抟土造人,《风俗通》曰:"俗说天地开辟,未有人民,女娲抟黄土做人,剧务,力不暇供,乃引绳于絚泥中,举以为人,故富贵者,黄土人也,贫贱凡庸者絚人也。"女娲为了社会秩序的稳定,还安排男婚女嫁,制定了婚姻礼法。

古代典籍上对女娲的记载有很多,如《春秋运斗枢》曰:"宓牺、女娲、神农,是谓三皇也。皇者,合元履中,开阴布纲,指天画地,神化潜通。"《太平御览》卷五十二"地部·石下"引王歆之《南康记》曰:"归美山,山石红丹,赫若采绘,峨峨秀上,切霄邻景,名曰女娲石。大风雨后,天澄气静,闻弦管声。"汉朝董仲舒的《春秋繁露》曰:"雨不霁,祭女娲。"

关于女娲的相貌,也有许多说法,但大多认为她是人首蛇身,《帝王世纪》曰:"女娲氏,亦风姓也。承庖牺制度,亦蛇身人首,一号女希,是为女皇。"《山海经》载:"女娲之肠化为神,处粟广之野。"郭璞注曰:"女娲,古神女而帝者,人面蛇身,一日中七十变,其肠化为此神。粟广,野名也。"《礼记》还说女娲发明了乐器"笙簧",魏陈王曹植《女娲赞》曰:"古之国君,制造笙簧。礼物未就,轩辕纂成。或云二君,人首蛇形。神化七十,何德之灵。"

女娲被赋予了许多神性,赢得了广大民众的喜爱和尊重,在许多地方有女娲塑像和女娲庙,以及拜女娲求子、祈雨的习俗。

精卫填海,锲而不舍——精卫填海

中国古代典籍中关于"精卫填海"的记载大同小异,如《山海经·北山经》载:

又北二百里,曰发鸠之山。其上多柘木。有鸟焉,其状如乌,文首、白喙、赤足,名曰精卫,其鸣自詨。是炎帝之少女,名曰女娃。女娃游于东海,溺而不返,故为精卫。常衔西山之木石,以堙于东海。漳水出焉,东流注于河。

《述异记》亦载:

昔炎帝女溺死东海中，化为精卫。其鸣自呼。每衔西山木石，以填东海，怨溺死故也。海畔俗说：精卫无雄，耦海燕而生，生雌状如精卫，生雄状如海燕。今东海畔精卫誓水处犹存，溺死此川，誓不饮其水。一名誓鸟，一名怨禽，又名志鸟，俗名为帝女雀。

相传太阳神炎帝有的小女儿名女娃，有一天她驾着一只小船去东海游玩，觉得人间什么都很新奇。突然大海上波涛汹涌，浪潮将她的小船打翻了。大海无情地吞噬了女娃的生命。女娃死后化作了一种花脑袋、白嘴巴、红爪子的小鸟，栖息在西方的发鸠山森林里，因为经常发出"精卫、精卫"的悲鸣，好像在叫着自己的名字，人们便称这种鸟为"精卫"。精卫鸟为了报仇雪恨，衔取一个小石块或是一段小树枝，从西山飞向东海，投入到大海里。她就这样年复一年，日复一日地坚持着，下决心一定要把东海填平。

"精卫填海"的故事反映了古代人民征服大自然的坚定信念，也成为了中华民族锲而不舍、不屈不挠、顽强抗争的精神象征。如东晋陶渊明《读＜山海经＞》云："精卫衔微木，将以填沧海。刑天舞干戚，猛志固常在。同物既无虑，化去不复悔。徒没在昔心，良辰讵可待！"清代顾炎武《精卫》诗云："我愿平东海，身沉心不改。大海无平期，我心无绝时。"

鲧禹治水，疏通九州——大禹治水

《山海经·海内经》记载：

洪水滔天，鲧窃帝之息壤以堙洪水，不待帝命。帝令祝融杀鲧于羽郊。鲧复生禹，帝乃命禹卒布土以定九州岛。禹娶涂山氏女，不以私害公，自辛至甲四日，复往治水。禹治洪水，通轘辕山，化为熊。谓涂山氏曰："欲饷，闻鼓声乃来。"禹跳石，误中鼓，

精卫填海

涂山氏往，见禹方坐熊，惭而去。至嵩高山下，化为石，方生启。禹曰："归我子！"石破北方而启生。

大禹治水

传说在帝尧时期，黄河经常泛滥，百姓苦不堪言。大约在四千余年前，黄河流域又发生了一次特大的洪水灾害。面对到处是茫茫一片的洪水，人们只得逃到山上去躲避。接到治理水患的任务后，鲧修堤筑坝，作三仞之城，还盗来天帝的"息壤"，采用围堵的方法来治水。结果九年还未把洪水治住，又触犯了天条，天帝派祝融把鲧斩杀在羽郊，命鲧的儿子禹继续治理水患。当时禹刚和涂山氏的一位姑娘成亲，应劭《汉地理志》曰："禹娶涂山，涂山有禹墟。"但他为了天下百姓，毅然离家治水。传说禹为了找到合适的治水方法而日思夜想，但却不得要领，《吴越春秋》曰："禹伤父功不成，登衡山，血白马以祭之。忽然而卧，梦赤绣文衣男子，称玄夷苍水使者，谓禹曰：'欲得我山书者，斋于黄帝之岳。'禹乃退，斋三日，登宛委发石，得金简玉字之书，得治水之要也。"

禹经过实地考察，采取了与父亲截然不同的治水方法，他改"围堵"为"疏导"，制定了切实可行的方案，把中国划分为九个大州，即冀、兖、青、徐、扬、荆、豫、梁、雍，利用水自高向低流的自然趋势，顺地形把壅塞的川流疏通。一方面加固和继续修筑堤坝，另一方面，用开渠排水、疏通河道的办法，借助运用准绳和规矩，带领族人凿开了龙门和伊阙，凿通积石山和青铜峡，挖通了九条河。从此，一场规模浩大的治水工程便展开了。禹亲自率领二十多万治水群众，浩浩荡荡地全面展开了疏导洪水的艰苦卓绝的劳动。

经过十年的努力，走遍大河上下，用神斧劈开龙门和伊阙，凿通积石山和青铜峡，把洪水引入疏通的河道、洼地或湖泊，然后合通四海，终于把洪水引到大海里去，使河水畅通无阻。从而平息了水患，使百姓得以从高地迁回平川居住和从事农业生产，地面上又可以种庄稼了。《庄子》曰"昔者禹之堙洪水，决江河而道四夷九州，名川三百，支川三千，小者无数。"《淮南子·人间训》曰："古者水为民害，禹凿龙门，辟伊阙，平治水土，使民得陆处。"

禹为治水居外十三年，"三过家门而不入"，栉风沐雨，废寝忘食，夜以继日，不辞劳苦，他戴着箬帽，拿着铁锹，带头挖土、挑土，手上长满老茧，长年泡在水里脚指甲脱落了，连脚跟都溃烂了，腿上的汗毛也被磨光了。他还铸九鼎以安天下，王子年《拾遗记》曰："禹铸九鼎，择雌金为阴鼎，雄金为阳鼎，太白星见，九日不没。"孔子称赞禹的品格之高尚已经到了无可争议的地步："禹，吾无间然矣。菲饮食，而致孝乎鬼神；恶衣服，而致美乎黻冕；卑宫室，而尽力乎沟洫。禹，吾无间然矣。"（《论语·泰伯》）当舜把皇位禅让给禹时，万民称贺，《尚书大传》曰："舜将禅禹，八风循通。"

关于禹的出生，有着许多种传说，除了鲧剖腹生禹外，还有另外几种说法，《太平御览》卷四《遁甲开山图》引荣氏解曰："女狄暮汲石纽山下，泉水中得月精如鸡子，爱而含之，不觉而吞，遂有娠，十四月生夏禹。"《列星图》曰："流星贯昴，修纪感而生禹。"

为了纪念禹的赫赫功绩，人们尊称他为"大禹"，至今民间仍流传着许多关于大禹治水的神话传说。相传大禹为了凿通轘辕山（在河南省偃师县东南，巩县西南，登封县西北，古称轘辕道），化作了一头力大无比的大熊。这时他的妻子涂山氏已身怀六甲，他怕妻子看到自己的样子受到惊吓，便立皮鼓于山前，并约好击鼓为号，让她听到鼓声响起再来送饭。日子一天天过去，眼前山道就要被凿开了，大禹心中高兴，一时疏忽大意，误触皮鼓，涂山氏听到鼓声赶来，看见大禹是一头大熊，大吃一惊，扭头就跑，跑到嵩山脚下，化作了石头，生下一个男孩。随后追来的大禹面对妻子化作的石像，悲痛万分，大喊一声："还我的儿子来！"顿时石头北面破裂，男孩破石而出。这个石头里生出的孩子就是夏代第二位君主——启。

射日除害,造福人间——后羿射日

《淮南子·本经训》载:

逮至尧之时,十日并出,焦禾稼,杀草木,而民无所食。猰貐、凿齿、九婴、大风、封豨、修蛇皆为民害。尧乃使羿诛凿齿于畴华之野,杀九婴于凶水之上,缴大风于青丘之泽,上射十日而下杀猰貐,断修蛇于洞庭,擒封豨于桑林。万民皆喜。置尧以为天子。

又曰:

尧时十日并出,草木焦枯,尧命羿仰射十日,其九乌皆死,堕羽翼。

后羿射日

这是有关"后羿射日"的神话。《山海经》载:"汤谷上有扶木(即扶桑),十日所浴。此浴水中有大木,九日居上枝。昔尧使羿仰射九日尽坠死。"《汲冢书》曰:"本有十日迭次而出,运照无穷,尧时为妖,十日并出,故为射所死。"传说到了尧统治的时候,天上有十个太阳一同出来，阳光灼热地炙烤着大地，庄稼被晒焦了，花草树木也枯干了，由于严重干旱，以致颗粒无收，百姓没有东西可吃，眼看就要活不下去了。这个时候，猰貐、凿齿、九婴、大风、封豨、修蛇等猛兽毒蛇也乘机出来为害人间。尧就派后羿去为民除害。后羿在南方的泽地荒野诛杀了凿齿，在北方的凶水杀死了九婴，在东方的大泽青丘射了大风，并把天上的太阳射下来九个，接着又杀死猰貐，在洞庭湖砍断长蛇，在中原桑林擒获了封豨。灾害清除了，天下万民非常感谢尧的功德，推举他做了天子。

这是关于"后羿射日"故事的最早记载，后羿也因此成为人们心目中的英雄。相传后羿是夏王朝东方族有穷氏的首领，他幼年坎坷，《括地图》曰："羿年五岁，父母与入山。其母处之大树下，待蝉鸣，还，欲取之。群蝉俱鸣，遂捐去。羿为山间所养，年二十，能习弓矢。仰叹曰：'我将射远方，矢至吾门止。'因捍即射，矢摩地截草，经至羿门，随矢去。"长大后的羿力大无穷，箭术精湛，《淮南子·修务篇》曰："羿左臂修而善射。"《庄子》曰："一雀过羿，羿必得之。"他还娶了一位美丽的妻子叫嫦娥。于是，又有"嫦娥奔月"的故事出现，如张衡《灵宪》曰："羿请不死药於西王母，羿妻嫦娥窃以奔月，托身於月，是为蟾蜍，而为月精。"

面对高温干旱的恶劣生存环境，百姓渴望出现一位救世的英雄人物，射去毒辣的太阳，能够普降甘霖，便把射日的故事附会到神射手后羿的身上，后来又演变出许多传说，如"嫦娥奔月"、"逢蒙杀羿"等，在民间广为流传。

妈祖护航，神佑郑和——妈祖故事

妈祖，又称天妃、天后、天后圣母，是中国东南沿海信奉的海神。

妈祖俗姓林，原是北宋年间福建莆田湄洲岛港里村的普通女子，据说她出生后并没有像其他婴孩一样哇哇大哭，而是一声不响，父亲便为其取名为"默"。林默身为渔家女，自幼便与大海打交道，熟知大海习性，又聪明好学，通晓天文气象，能够预测海上是否有大风浪。她又精通医理，从小就立志悬壶济世，发誓终身不嫁。宋太宗雍熙四年（987）九月初九，二十八岁的林默拜别亲友，登上湄峰之巅，羽化升仙而去。为了彰显她的功

妈祖故事

德，乡亲们在湄洲岛上建起了妈祖庙，祈求她能保佑在海上航行的人们平安归来。如今，莆田的妈祖庙数以百计，湄洲岛上就有近20座之多。

传说明代郑和七次下西洋，每次出海前都要祭祀妈祖，回来后还要到天妃庙里还愿，感谢她的护佑。大明宣德六年（1431），在第七次出使西洋前夕，停泊在福建长乐，重修了南山的天妃行宫，并立《天妃之神灵应记》碑（俗称"郑和碑"）为记。碑中写道：

观夫海洋，洪涛接天，巨浪如山，视诸夷域，迥隔于烟霞缥缈之间。而我之云帆高张，昼夜星驰，涉彼狂澜，若履通衢者，诚荷朝廷威福之致，尤赖天妃之神护佑之德也。神之灵固尝著于昔时，而盛显于当代。溟渤之间，或遇风涛，即有神灯烛于帆樯，灵光一临，则变险为夷，虽在颠连，亦保无虞。及临外邦，番王之不恭者，生擒之；蛮寇之侵掠者，剿灭之。由是海道清宁、番人仰赖者，皆神之赐也。神之感应，未易殚举。昔尝奏请于朝，纪德太常，建宫于南京龙江之上，永传祀典。钦蒙御制纪文，以彰灵贶，褒美至矣。然神之灵无往不在，若长乐南山之行宫，余由舟师累驻于斯，伺风开洋，乃于永乐十年奏建，以为官军祈报之所。既严且整，右有南山塔寺，历岁久深，荒凉颓圮，每就修葺，数载之间，殿堂禅室，弘胜旧规。今年春，仍往诸番，蚁舟兹港，复修佛宇神宫，益加华美。而又发心施财，鼎建三清宝殿一所于宫之左，雕妆圣像，粲然一新，钟鼓供仪，靡不具备，金谓如是庶足以尽恭事天地神明之心。众愿如斯，咸乐趋事，殿庑宏丽，不日成之。画栋连云，如翚如翼，且有青松翠竹掩映左右，神安人悦，诚胜境也。斯土斯民，岂不咸臻福利哉？

面对神秘莫测、风云变幻、洪涛滔天的浩瀚海洋，中国人既敬畏又好奇。自从与海洋打交道以来，不知有多少人葬身鱼腹，但征服它的愿望也越来越强烈。郑和率领船队七下西洋而毫发无伤，不能不说是航海史上的奇迹。郑和认为正是仰仗于天妃的庇佑，大家才能化险为夷，所以他奏请朝廷，建起天妃宫，让子孙后代永远铭记妈祖的功德。

第二章 情牵梦萦——水与诗歌

水的世界先于生命与人的世界,生命与人的世界始终依赖于水的世界。诗歌是中国文学最早出现也是最重要的表现形式之一,也是文学中得到最充分发展的体裁。人水情缘源远流长、至宏至微,人水关系休戚相关、难以尽述。有史以来,"水"便成为历代文人骚客极爱创作的题材,而且始终是历代诗人创作讴歌的主旋律之一。

从远古神话传说到现代文学作品,中国文人下士无不倾注着对水的真挚的感情,对水的一见钟情似乎历来如此。尤为突出的是,水在诗歌中的分量与地位举足轻重,咏诵水的诗句可谓如织似绣,不可胜数。诗人们笔下的水,或呈长河巨浪,或化溪泉淙淙,或变豪气于云,或现柔情绵绵。水在诗歌的天空中幻化出一道道奇异的彩虹,令人目不暇接、击节叹赏。"水诗歌"的创作也为中国文学增添了无限生机和绚丽光彩,是我们最为宝贵的文化财产之一。

淡淡流水,泛泛柏舟——咏流水

骆宾王《咏水诗》,"列名通地纪,疏派合天津。波随月色净,态逐桃花春。照霞如隐石,映柳似沉鳞。终当挹上善,属意澹交人",在描写水的地位、价值、作用上具有永恒的魅力;祖孙登《咏水诗》,"骊泉紫阙映,珠浦碧沙沉。岸阔莲香远,流清云影深。风潭如拂镜,山溜似调琴。请君看皎洁,知有淡然心",把水的恬淡晶莹赞誉得令人向往;张文琮的《咏水诗》,"标名资上善,流派表灵长;地图罗四渎,天文载五潢。方流涵玉润,

宋代惠崇《溪山春晓图》(部分)

圆折动珠光；独有蒙园吏，栖偃玩濠梁"，在描摹水声、水色之美，可拔头筹；崔颢的《澄水如鉴》，"圣贤将立喻，上善贮情深。洁白依全德，澄清有片心"，将水的品性、境界、精神描绘得淋漓尽致。

水者，天地之包幕，五行之始焉，万物之所由生，元气之津液。正是由于水对生命的支撑作用及生命对水的眷恋，使得水这一客观物象，在很多时候，恰似一首隽永的长诗，好比一段曼妙的歌乐，又如一种深沉的情绪，被古代诗家哲人赋予了道德、仁爱、智慧、勇敢、坚定、灵敏、胸怀、有为、公正、有度、意志等深蕴（汉·刘向《说苑·杂言》）。儒道之圣，都从水中看到了大道。《玄申记》曰"天下之多者水焉，浮天载地，高下无不至，万物无不润者"，称其浑然天成，惠泽苍生，密不作声，赞美的是水的品质！顾凯之《水赞》曰"湛湛若凝，开神以质，乘风檀澜，妙齐得一"，赞美的是水的气韵！殷仲堪《水赞》曰"大象无形，气以分粗，淡淡冲津，质有虽虚，清澜可濑，明激弗渝，孰能怀之，汎然靡拘"，道出水之空灵清澈，凝绿似玉，无疵无瑕，晶莹剔透的绵绵于人间，赞美的是水的形象！至于"知者乐水，仁者乐山；知者动，仁者静；知者乐，仁者寿"（《论语·雍也》），"上善若水，水善利万物而不争"（《道德经》第八章），更是道出了人水和谐哲学的真谛。毫不夸张地讲，几乎人的所有美德都可以从水中找到相应的启迪。水，不仅是高洁人生志趣的象征，还是人类心目中美的灵魂与归化。当诗人以水来拟喻人生理想，从中观照到一种人生哲理时，实际上对诗人自我人格也是一种洗礼和净化。

一泻千里是水的方向，止水游丝是水的温柔，静水流深是水的品格，上善若水是水的境界。进入古典诗词领域，流水的身影更是无处不在，意态万千。一代代的诗人骚客，借水这个意象，表现大自然的百态奇姿，表现人类情感的千种波澜，表现对宇宙人生的洞见哲思，也因之赋予了水意象独具东方古典美韵的文化内涵。而水一旦进入诗人的想象，就渗入了诗人的千般感情，在他们的笔下生出"高山流水""柔情似水""水润万物""一江春水"等灵光的诗行。唐诗宋词元曲的字里行间呈现的就是这种跳动不止、流光溢彩的音符。也正因为如此，从古至今，有多少"水"在诗人的笔下流淌。我们甚至可以说，诗歌这株文苑奇葩，正是在"水"的滋润下，才开出了数不胜数的绚丽芳香的花朵。如下面这首骆宾王的名篇《咏水》：

波随月色净，态逐桃花春

咏水
骆宾王

列名通地纪，疏派合天津。

波随月色净，态逐桃花春。

照霞如隐石，映柳似沉鳞。

终当挹上善，属意澹交人。

骆宾王（约公元 640—684），唐代诗人，字观光，义乌（今浙江义乌）人。骆宾王与王勃、杨炯、卢照邻合称"初唐四杰"，在四杰中他的诗作最多。骆宾王出身寒门，七岁能诗，号称"神童"。据说咏鹅诗就是此时所作。骆宾王尤擅七言歌行，名作《帝京篇》为初唐罕有的长篇，当时以为绝唱。他还曾久戍边城，写有不少边塞诗，如"晚风迷朔气，新瓜照边秋。灶火通军壁，烽烟上戍楼"，豪情壮志，见闻亲切。唐中宗复位后，诏求骆文，得数百篇。

骆宾王的这首五言律诗，是历代咏水诗的代表作。

首联："列名通地纪，疏派合天津。"意思就是，如果对水这种物质排列名次的话，可以通达、位列"天纲地纪"，主宰人间万事万物。由此可见水在天地间是何等的地位！水是人类的命脉，是世界的命脉，水在天地之间，都处于极其重要、极其崇高的地位。

《咏水》首联，生动地描绘出水的崇高地位。律诗在格律上要求中二联必对，而这首诗首联就出现工整的对仗，"疏派"对"列名"，"合"对"通"，"天津"对"地纪"，足见骆宾王诗歌艺术之娴熟。

颔联："波随月色净，态逐桃花春。"水波荡动，跟着月色的变化变得越发纯净无瑕，形态美丽的浪花，追逐荡动，像春天的桃花那样妩媚无比。

颈联："照霞如隐石，映柳似沉鳞。"照进水中的霞光，如同隐藏水中、五彩斑斓的石块。倒映在水中的柳树，好像沉入水底、坻然不动的鱼儿。

首联、颔联、颈联写了水的崇高地位、动态之美、静态之美。写物的目的在于写人，写人的目的在于写意，由物及人，观水生情，水乳交融，绝妙天成。

尾联紧接着使诗的意境大大升华："终当挹上善，属意澹交人。"诗人笔锋一转，写物及人，妙笔生花，写出了水的作用、价值及观水所感，"卒章显其志"，突出表现了诗的主题，显示出观水受到的启发，提升出这首诗的教育意义。其意可理解为应该把水列为上品；也可理解为大善大德之意，即水对于人，就像大善大德。"终当挹上善"，最终应当把水舀取用于大善大德之事。"属意澹交人"，诗人的注意力放在澹泊交结友人。正所谓"君子之交淡如水，小人之交甜似蜜"。末句升华为与友人之交要讲究淡泊明志，不求名利。升华为君子之交，犹如清水无色无味、清澈透明，友谊纯真，而非夸夸其谈、文恬武嬉。水之品格，何等高雅；君子之交，何等纯洁！末句把全诗的思想提升到最佳境界，是对主题的精妙提炼，如同今人写观水有感。水具君子之美，君子观水生情。诗人的思想启发读者的思想，引导我们归向升发，淡泊交友，清廉处世，洁身做人。

这首诗通篇咏水，水的地位、水的价值、水的作用、水的动态、水的静态……水的一切都饱含在全诗八句四十个字之中。《咏水》一诗不仅具有极高的文学价值，而且亦具有深远的社会意义。骆宾王的这首《咏水》诗，选择的是重大题材，突出的是重大主题，赋予水很深的价值意义，融诗趣哲理于一体，透露的是对水的描写和歌颂，蕴含的是自身所推崇的儒风与道骨。

万古江河，百川东流——赞江河

文明始自河流。在地球的各类水体中，滔滔江河之水总是流动着，载浮载沉，一路滋润、一路养育，然后流入大海。正是这些大大小小的江河，就是她们，冲开了天地玄黄、宇宙洪荒，冲出了人类文明的新纪元。从人类诞生的那一天起，就与江河息息相关。江河是哺育人类的母亲，是生命之源、文明之源。从一定意义上说，人类发展的历史，就是一部认识江河、顺应江河、治理江河、保护江河，从而推进文明进步的伟大历史。

日月经天,江河行地。在中华大地上,自北往南,由西向东,奔流着数不清的大江大河,几千年流淌奔涌,几万年生生不息,她们在人们的心理构成中,成为一种情结,一种图腾和象征:她们是我们的母亲河,是中华民族的摇篮。从尧舜始,江河孕育了世界上最优秀的文化,留下了深邃的思想和智慧;她们经历了频繁的战争,造就了名垂青史的英雄和史诗。江河是一首首流动的诗,是一幅幅流动的画。华夏的许多江河都流淌着中华文明的印迹,许多江河都被称为诗河、史河、文化河。中华民族热爱江河,不仅用画笔描绘江河,用音乐讴歌江河,还用诗文赞美江河。自古至今,各朝各代都是以江河做依托成就其伟业,流淌的江河为诗人的诗思泉涌提供了滔滔不竭的源泉,而文人骚客们更不会舍弃这壮阔浩荡、包容万千的名川大江,留下了他们大量的诗词歌赋。

华夏江河流淌着中华文明的印迹

南朝诗人沈约笔下的新安江:"千仞写乔树,百丈见游鳞。沧浪有时浊,清济涸无津。"唐朝诗人薛能笔下的黄河:"何处发昆仑,连乾复浸坤。九曲终柔胜,常流可暗吞。"唐朝诗人张若虚笔下的长江:"春江潮水连海平,海上明月共潮生。滟滟随波千万里,何处春江无月明。"唐朝诗人王维笔下的汉江:"楚塞三湘接,荆门九派通。江流天地外,山色有无中。"唐朝诗人杜甫笔下的嘉陵江:"嘉陵江色何所似?石黛碧玉相因依。正怜日破浪花出,更复春从沙际归。"宋朝诗人杨万里笔下的扬子江:"天将天堑护吴天,不数崤函百二关。万里银河泻琼海,一双玉塔表金山。"宋朝诗人李觏笔下的钱塘江:"昔年乘醉举归帆,隐隐山前日半衔。好是满江涵返照,水仙齐著淡红衫。"清朝诗人赵翼笔下的澜沧江:"绝壁积铁黑,路作之字折。下有百丈洪,怒喷雪花热。"清朝诗人胡会恩笔下的珠江:"我爱珠江好,风光入岭偏。帆飞蝌蚪水,仗倚鹧鸪天。"……

下面我们来共同欣赏被闻一多先生誉为"孤篇压倒全唐"的《春江花月夜》:

春江花月夜

张若虚

春江潮水连海平,海上明月共潮生。

滟滟随波千万里，何处春江无月明。
江流宛转绕芳甸，月照花林皆似霰。
空里流霜不觉飞，汀上白沙看不见。
江天一色无纤尘，皎皎空中孤月轮。
江畔何人初见月？江月何年初照人？
人生代代无穷已，江月年年只相似。
不知江月待何人，但见长江送流水。
白云一片去悠悠，青枫浦上不胜愁。
谁家今夜扁舟子？何处相思明月楼？
可怜楼上月徘徊，应照离人妆镜台。
玉户帘中卷不去，捣衣砧上拂还来。
此时相望不相闻，愿逐月华流照君。
鸿雁长飞光不度，鱼龙潜跃水成文。
昨夜闲潭梦落花，可怜春半不还家。
江水流春去欲尽，江潭落月复西斜。
斜月沉沉藏海雾，碣石潇湘无限路。
不知乘月几人归，落月摇情满江树。

宋代佚名《南浦归帆图》

张若虚（约660—720），唐代诗人，扬州人，曾任兖州兵曹。唐中宗神龙年间（705—707），张若虚与贺知章、贺朝、万齐融、邢巨、包融等俱以文词俊秀驰名于京都，与贺知章、张旭、包融并称为"吴中四士"，唐玄宗开元时其尚在世。流传诗仅存《春江花月夜》《代答闺梦还》两首，以《春江花月夜》著名。

被闻一多先生盛赞为"诗中的诗、顶峰上的顶峰"的这首《春江花月夜》，乃千古绝唱，是一篇脍炙人口的名作，也赢得了"以孤篇压倒全唐"之誉；后人评价称"张若虚《春江花月夜》用《西洲》格调，孤篇横绝，竟为大家。李贺、商隐，挹其鲜润；宋词、元诗，尽其支流"，足见这首诗非同凡响的崇高地位和悠悠不尽之深远影响。

诗人入手擒题，一开篇便就题生发，勾勒出一幅春江月夜的壮丽画面：江潮连海，月共潮生。月光闪耀千万里之遥，哪一处春江不在明月朗照之中！江水曲曲弯弯地绕过花草遍生的春之原野，月色泻在花树上，像撒上了一层洁白的雪。月光荡涤了世间万物的五光十色，将大千世界浸染成梦幻一样的银灰色。因而"流霜不觉飞"，"白沙看不见"，浑然只有皎洁明亮的月光存在。细腻的笔触，描绘出了一个神话般美妙的境界，使春江花月夜显得格外幽美恬静。这八句，由大到小，由远及近，笔墨逐渐凝聚在一轮孤月上了。

清明澄澈的天地宇宙，仿佛使人进入了一个纯净的世界，这就自然地引起了诗人的遐思冥想："江畔何人初见月？江月何年初照人？"诗人神思飞跃，但又紧密联系着人生，探索着人生的哲理与宇宙的奥秘。张若虚在此处却别开生面，他的思想没有陷入前人窠臼，而是翻出了新意："人生代代无穷已，江月年年只相似。"个人的生命是短暂即逝的，而人类的存在则是绵延久长的，因之"代代无穷已"的人生就与"年年只相似"的明月得以共存。这是诗人从大自然的美景中感受到的一种欣慰。

"不知江月待何人，但见长江送流水。"这是紧承上一句的"只相似"而来的。人生代代相继，江月年年如此。一轮孤月徘徊中天，像是等待着什么人，却又永远不能如愿。月光下，只有大江湍流，奔腾远去。随着江水的流动，诗篇遂生波澜，将诗情推向更深远的境界。江月有恨，流水无情，诗人自然地把笔触由上半篇的大自然景色转到了人生图像，引出下半篇男女相思的离愁别绪。

"白云"四句总写在春江花月夜中思妇与游子的两地思念之情。"白云"、"青枫浦"托物寓情。白云飘忽，象征"扁舟子"的行踪不定。一种相思，牵出两地离愁，一往一复，诗情荡漾，曲折有致。

以下"可怜"八句承"何处"句，写思妇对离人的怀念。月明之夜，离愁别绪更加萦怀，使人无法排遣。而那一轮明月偏又浸透帘珑、照亮砧石，况且帘卷不去、手拂不开。此时远行的人儿只在思念之中，只能彼此瞩望而无法相依相诉，就是有再多的相思情怀，说来他也无法听到。我多想随这笼天罩地的月光飞流到他身边去照耀他啊！可是即使像鸿雁那样高飞远举，也不能把这寂寞楼头的相思明月带给他，何况这春江里只有跃浪的鱼儿激起几个漩涡儿呢！

最后八句写游子，诗人用落花、流水、残月来烘托他的思归之情。昨夜忽梦落花飘零，春已半残，可是寄身异地他乡，回家的日子还遥遥无期。江水奔流不息，一浪又一浪地赶往大海，好像要将春天带走一样。而江潭倒映明月，不知不觉已经西斜。斜月渐渐隐入海雾，这时北方南方、碣石潇湘有多少游子还在赶着回家，有多少离人怨妇还在远隔千山万水彼此思念呢？夜色凄迷，月光如水，不知有几人在这轮明月下赶回家去了，而我只能守着这野浦孤舟，思念着远方的亲人，看江流依然，落月留照，把江边花树点染得凄清如许，人间离情万种都在那花树上摇曳着、弥漫着。不绝如缕的思念之情，将月光之情、游子之情、诗人之情交织成一片，洒落在江树上，也洒落在读者心上，在这样勾魂夺魄的意境里结束全篇，情笔生花，余音绕梁，情韵袅袅，摇曳生姿，令人心醉神迷。

《春江花月夜》在思想与艺术上都超越了以前那些单纯模山范水的景物诗，有别于"羡宇宙之无穷，哀吾生之须臾"的哲理诗，也不同于抒儿女离愁别绪的爱情诗。诗人将传统题材，大胆创新，赋予其新的含义，融诗情、画意、哲理为一体，凭借对春江花月夜的描绘，始终围绕"江和月"两个主题，尽情讴歌大自然的奇丽景色，赞美人间纯洁的爱情，巧妙地将游子思妇的同情心、对人生哲理的追求、对宇宙奥秘的探索结合起来，从而产生一种情、景、理水乳交融的幽美而邈远的意境。整首诗篇描摹细腻、情景交融，仿佛笼罩在一片空灵而迷茫的月色里，吸引着读者去探寻其中特意隐藏在惝恍迷离的艺术氛围之中的真正的美。

下面,我们再来看一首描写黄河的唐诗:

黄河
薛能

何处发昆仑,连乾复浸坤。
波浑经雁塞,声振自龙门。
岸裂新冲势,滩余旧落痕。
横沟通海上,远色尽山根。
勇逗三峰坼,雄标四渎尊。
湾中秋景树,阔外夕阳村。
沫乱知鱼响,槎来见鸟蹲。
飞沙当白日,凝雾接黄昏。
润可资农亩,清能表帝恩。
雨吟堪极目,风度想惊魂。
显瑞龟曾出,阴灵伯固存。
盘涡寒渐急,浅濑暑微温。
九曲终柔胜,常流可暗吞。
人间无博望,谁复到穷源。

黄河壶口瀑布

薛能,字太拙,汾州人,登会昌六年进士第。晚唐著名诗人。薛能一生仕宦他乡,游历众多地方,诗多寄送赠答、游历登临之作。晚唐一些著名诗人多与有诗与其唱和。能僻于诗,日赋一章,有集十卷,今编诗四卷。

《黄河》一诗,从"何处发昆仑,连乾复浸坤"到"勇逗三峰坼,雄标四渎尊"为第一层。开篇以设问起句,写黄河气动万里之形,惊涛裂岸之声,勇逗三峰之势,雄居四渎之尊。

纵横奔腾、气势磅礴，给人展现的是动感极强的阳刚之气。

从"湾中秋景树，阔外夕阳村"到"雨吟堪极目，风度想惊魂"为第二层。叙写了秋季不同时间、不同天气下黄河给沿岸人民带来的滋润恩泽。黄河两岸的秋景，没有秋的萧条、冷落和凄凉，而是处处洋溢着生命的律动。倒映着的村树、宁静的村落、鱼儿在呼吸、鸟儿正巢卧。沿岸雾气缭绕，不见边际；河水蜿蜒流淌，让人心旷神怡。不过，令人费解的是"清能表帝恩"句。黄河水浊，古已有之。早在春秋时期，已有诗文记载，如《左传·襄公八年》郑国的子驷就引诗为喻："俟河之清，人寿几何！"可见那时黄河水已浑浊难清。可是为什么薛能会在诗中说"清能表帝恩"呢？这就存在两种可能：一是诗人写此诗的那年，黄河水清过；二是诗人期盼天降祥瑞，水清安邦。晚唐时期，时局动荡、乱相环生、国事飘摇、民不聊生，祈求祥瑞、渴望太平，这是多么自然而又无奈的心声！所以，如果水清是真，作者必然心情狂喜，国家有望，民族幸甚；如果水清为虚，作者心绪是凄凉的、惆怅的、迷惘而又充满幻想和希望的。

从"显瑞龟曾出，阴灵伯固存"到"人间无博望，谁复到穷源"为第三层。作者运用了神龟献书、张骞乘槎等传说及典故，这些传说和典故是中华先民部落文化的集中体现，与华夏民族的生存及中华文明的产生密切相关。她既反映出东方哲学思想之精髓，也反映了华夏民族在黄河流域上的形成与发展，写出了黄河内在的神韵和柔胜的气质。

耐人寻味的是对"九曲终柔胜，常流可暗吞"两诗句的理解。九曲黄河，多少阻隔、多少诱惑，即使关山层叠、百转千回，东流入海的意志何曾有一丝动摇，雄浑豪迈的脚步何曾有片刻的停歇！浪击礁岩，纵然粉身碎骨也绝不退缩，一波一波前赴后继，一浪一浪奋勇搏杀，终将礁岩撞得百孔千疮；水性坚，崖头滴水，日复一日，年复一年，咬定目标，不骄不躁，硬能破顽石而终入海，真可谓以"天下之至柔，驰骋天下之至坚"。

再论"常流可暗吞"。黄河并不完全是奔腾咆哮的。黄河中游有一段，看上去就是凝滞不动的混浊的泥浆，然而，连搏击过激流的黄河船夫也不敢在这里放船，因为河心是流动的，没有谁能说清她究竟有多深。水表平静，却激流潜藏。水静而不张扬，流深而难测其详。静水流深，极富内涵。静，是外观姿态；流，显示了内在的力量；深，则意味着蕴藉和深重。静水流深，不显不露，昭示着生命的博大精深。静水流深的真正含义恰可比喻为做人的态度：洞察一切却不被矛盾束缚，不被欲望捆绑，这样就能拥有和谐的生命，拥有长久的快乐，拥有真正的自由。难道不是吗？静，方可心无旁骛，双目一闭，专心思索，便将滚滚红尘、污垢尘埃尽闭于心门之外，便不为外物所役而细品沉思。智者在静中修身悟道，在静中羽化登仙，在静中凝聚起了千年的智慧和深不可测的力量。或许突然有一天沉默被打破，你才惊讶于他们的智慧与博大，于是就有了那"不飞则已，一飞冲天；不鸣则已，一鸣惊人"的感慨。

通润天地，智者乐水。千年前的智者从深邃的静水中悟出了人生的真谛，这是一种修养，一种气度。这样的人，往往能在喜悦中沉静地思索，在失败时从容地面对，"不以物喜，不以己悲"，从而使思想达到至高的境界。这些道理，黄河懂，智者懂，诗人也懂。然而，通润天地，黄河做到了；上善若水，智者做到了；静水深流，但愿我们也能做得到。

水光潋滟，潭面无风——观湖泊

中国古人说："水是眼波横，山是眉峰聚。"（北宋王观《卜算子·送鲍浩然之浙东》）又说："云山已作娥眉浅，山下碧流清似眼。"（北宋苏轼《次韵曹子方运判雪中同游西湖》）在五千年的中国文化长河中，水所代表的洁净、流动、深沉、博大、柔美、安详等，成为中国人格塑造的重要审美指向。湖光水色之美，令人倾倒与痴迷，湖泊之美早已为古人所领受。我国古代文人墨客大多喜欢追寻湖泊美的足迹，行吟泽畔，留下难以数计的诗文辞赋；建筑起亭台楼榭，使之与湖光山色相映生辉。这些由湖泊而产生的诗文辞赋、亭台楼榭、楹联碑刻、逸事传说，千百年来融合、积淀成我国独特的湖泊文化，她与山岳、江河文化一起构成了中国山水文化的主体，不但已成为湖泊胜迹中不可分割的组成部分，而且成为湖泊文化最具文化底蕴的部分。

唐代诗人孟浩然的"气蒸云梦泽，波撼岳阳城"及杜甫的"吴楚东南坼，乾坤日夜浮"都是写洞庭湖的名句。尤其杜诗，说天地都包容于洞庭湖水中，夸张、想象与曹操咏沧海异曲而同工。如此气象万千、声威雄壮的水，正是大唐盛世的象征。昆明大观楼的长联描写滇池历来为人称颂。上联以"五百里滇池,奔来眼底"领起景象,何等壮阔;下联以"数千年往事,注到心头"引出中华民族的辉煌历史,气魄何等宏大!眼前景物与胸中精神互为辉映,营造出令人昂扬振奋的美学境界。独具风姿的鄱阳湖,同样强烈地吸引着文人墨客的目光,初唐最负盛名的大诗人王勃在传世名文《滕王阁序》中有"落霞与孤鹜齐飞,秋水共长天一色,渔歌晚唱,穷响彭蠡之滨"的句子,即写湖上景色;大诗人李白在饱览鄱阳湖风光后,写下了"开帆入天镜,直向彭湖东。落景转疏雨,晴云散远空"的诗句。美轮美奂、堪称诗湖的西子湖令一代又一代的游人为之魂牵梦萦、倾倒不已,更是无数文人雅士如痴如醉、留恋吟诵的乐园。白居易在《钱塘湖春行》一诗中写道:"孤山寺北贾亭西,水面初平云脚低。几处早莺争暖树,谁家新燕啄春泥。乱花渐欲迷人眼,浅草才能没马蹄。最爱湖东行不足,绿杨阴里白沙堤。"还有一首脍炙人口的当属苏轼的《饮湖上初晴后雨》,诗云:"水光潋滟晴方好,山色空蒙雨亦奇。欲把西湖比西子,淡妆浓抹总相宜。"

洞庭湖远景

湖水与好诗从来都是相得益彰的,任何一处风景的成名,都少不了诗人的赞美,离开了诗,再美的水也会"养在深闺人不识",再美的湖也会缺少灵魂。而每一片湖水,都是酿造诗情的佳料。当然,湖泊还是鱼米之乡的创造者,是天然的空气调节器,是鸟类繁衍生息的天堂,是江河洪水栖息的家园,是景观美的集大成者。下面我们就带着诗情去欣赏苏轼的《饮湖上初晴后雨》,真正体会一下湖水的意趣和神韵:

饮湖上初晴后雨

苏轼

水光潋滟晴方好,山色空蒙雨亦奇。

欲把西湖比西子,淡妆浓抹总相宜。

苏轼（1037—1101），字子瞻，又字和仲，号"东坡居士"，眉州眉山（今四川眉州）人，苏洵之子。宋代嘉祐年间（1056—1063年）进士，是北宋著名文学家、书画家，散文家和诗人。

西湖最早称武林水，又名钱塘湖，是古代兼有城市供水、灌溉、济运、水产和风景游览等综合效益的水库。历代杭州的贤良郡守，都把西湖看做是杭州的命脉。西湖美景历来是文人墨客描绘的对象，宋朝诗人杨万里有"三处西湖一色秋，钱塘颍水与罗浮"的诗句，诗人白居易曾有"未能抛得杭州去，一半勾留是此湖"的诗句，明代王瀛《苏公堤》中"荫浓烟柳藏莺语，香散风花逐马蹄"的诗句，都集中描写了西湖醉人的景色，此外，大文学家苏轼还留下"天下西湖三十六、就中最美是杭州"的诗句赞美杭州西湖冠绝群芳。

西湖美景

苏轼对水情有独钟，他在《泛颍》中说："我性喜临水。"这说明他之所以爱水是出于天性。苏轼一生经历也确实与水有缘，其仕途从政与诗歌创作都离不开水。在唐宋两代著名诗人中，有两位曾担任过水部员外郎一职，一位是唐代著名诗人张籍，另一位即是宋代苏轼。在苏轼所创作的2000多首诗中，咏水的诗句多达540条，描述的对象十分丰富多彩，几乎涵盖了他一生的方方面面。与他有关的许多事情，他往往借随意挥助于水来表达，有时就是信手拈来，随意挥洒。这首咏西湖水的诗歌便是其一。宋神宗熙宁四年至七年（1071—1074年），苏轼在杭州任通判。六年（1073年）正月二十一，苏轼病后初愈，应杭州知府、诗友陈襄的邀请，在西湖上饮酒赏景，见西湖初晴后雨，景色动人，便写下脍炙人口的题咏西湖美景的《饮湖上初晴后雨二首》。第一首诗说："朝曦迎客艳重冈，晚雨留人人醉乡。此意自佳君不会，一杯当属水仙王。"第二首诗如此赞叹道：晴天的西湖，水上波光荡漾，闪烁耀眼，正好展示着那美丽的风貌；雨天的西湖，山中云雾朦胧，缥缥缈缈，又显出别一番奇妙景致。我想，最好把西湖比作西子，空蒙山色是她淡雅的妆饰，潋滟水光是她浓艳的粉脂，不管她怎样打扮，总能很好地烘托出天生丽质和迷人的神韵。

"西湖之美,自古难言。"这首七绝全诗构思高妙,概括性强,她不是描写西湖的一处、一时之景,而是对西湖美景的全面评价,把西湖晴雨皆宜的美轮美奂传神地勾勒出来。同时,这首诗还闪射出哲理的光辉,给人们以启迪,大自然不缺乏美,缺乏的是自己的发现。这首诗在结构上是起承转合的典范。前两句白描,对偶工切,用陈述句,一起一承。第三句用假设句转折。第四句合拢。而且三、四句不再对仗,改为散体单行,结构上具有灵活性、转折性、立体性,其意境单纯而丰富,含义深广。

大海广阔,涤心扩怀——颂大海

海纳百川,有容乃大。在众多的水域中,海是最为广阔博大的。古老的中国有着灿烂辉煌的文化,为世界文明的发展做出了巨大的贡献。在成就辉煌的中国古代文学里,描写海洋的作品虽然只是沧海一粟,然而年代久远,作家众多,溯时间之流而上,也就如同进入了宝库,不时会发现珍珠美玉,最终看见古代海洋文学壮丽灿烂的图景。中国古代咏海诗歌就像中国文化浩瀚海洋里的一颗明珠,熠熠闪光。

我国古代神话偶尔提到大海,但只是作为一种背景,未作详细描写。《诗经》中就多次描述到人类与海有关的活动。从那时起,两千多年来,我们的先人追随着梦想,一刻不停地行走着,最终与蔚蓝色的海洋拥抱在一起。在浩如烟海的诗歌中的咏海之篇也如瀚海明珠,光耀夺目,在洋洋文学大观中构架起了天地、世人、幻境沉浮的碧海长天。从审美的角度描写水的浩瀚博大,多取大海的形象,其浑浩汪洋之态显示出伟大崇高的阳刚之美,浩瀚博大的水象征着伟大崇高的境界。最早对大海进行写实性描绘的是曹操。他远征乌桓,东临碣石,留下了大气磅礴的《观沧海》,极力描绘大海的雄浑壮阔;南朝刘峻《过胸阳因登郁州山望海》留下了"沧潦联霄岫,层峦郁巑岏。下盘盐海底,上转灵乌翼"的诗句,登山观海,把大海写得境界壮阔,气象万千,洋溢着诗人赞叹古海州山海奇观的豪情;唐独孤及《观海》一诗,有"颓洞吞百谷,周流无四垠。廓然混茫际,望见天地根"之句,纵横交错,虚实相映,夸张奇特,想象飞腾,极力写出境界壮阔的大海景象,诗人观海而生的膜拜之心、倾倒之情、赞叹之意、洋溢于字里行间。宋

清代袁江《海屋沾筹图》描绘出海涛汹涌、松绕危岩、平台楼阁的景象

杨万里《过金沙洋望小海》中有"忽然咫尺黑如漆，白画如何成暝色。须臾满眼贾胡船，万顷一碧波黏天"的诗句，让"万顷一碧波黏天"一句成为传诗坛、噪天下的写海名句；宋张耒《秋日登海州乘槎亭》中有"海上西风八月凉，乘槎亭外水茫茫。蓬莱方丈知何处，烟浪参差在夕阳"，诗人笔下的大海气象宏阔，让我们不仅看到了生机勃勃的海岛气象，也领悟到了迥远辽阔的神韵意境，感受到了昂然激发、豪迈乐观的神情意趣；明钱谦益《丙申重九海上作》中有"秋声海气互喧豗，倦睫濛濛溟涨开。乍见天吴离浪立，却看地轴拨潮回"，写出了海涛急涌猛拍，浪潮周转四溅，海景毕现；清黄子云《大洋》中有"潮来天宇白，日照海门青。孤屿遥相认，危樯觉有灵"，将浩瀚壮阔之东海写的真切而又生动。

中国如此博大精深的文化，古代咏海诗又有着十分丰富的内涵，她那璀璨的光辉映照你我，以她那或阔大或深曲的意境、或澎湃或温婉的情韵、或典丽或朴质的语言陶冶着我们的情操，影响着我们的人生。惟望人们能与海洋和谐发展，让人们能够永远欣赏海水的磅礴气势，感受丰富多彩的海洋文化，品味蕴藏着海洋那无比绚烂的诗词颂歌。下面我们就来共同欣赏曹操的那首《观沧海》：

观沧海
曹操

东临碣石，以观沧海。

水何澹澹，山岛竦峙。

树木丛生，百草丰茂。

秋风萧瑟，洪波涌起。

日月之行，若出其中。

星汉灿烂，若出其里。

幸甚至哉，歌以咏志。

曹操（155—220），一名吉利，字孟德，小名阿瞒，沛国谯县（今安徽省亳州市谯城）人。三国中曹魏政权的主要缔造者，先为东汉大将军、丞相，后为魏王。其子曹丕称帝后，追尊其为魏武帝。一生以汉朝丞相的名义征讨四方,为统一中原做出重大贡献,同时在北方广泛屯田,对当时的农业生产恢复有一定作用。曹操不但是东汉末年中国历史上一位杰出的政治家、军事家,还是一位杰出的文学家、诗人。曹操的诗作具有创新精神,开启并繁荣了建安文学,给后人留下了宝贵的精神财富,鲁迅评价其为"改造文章的祖师"。汉末书法评论家评出章草大家五人,即崔瑗、崔实、张芝、张昶、曹操。著有《孙子略解》《兵书接要》等军事著作和《蒿里行》《观沧海》《短歌行》《苦寒行》《碣石篇》《龟虽寿》等不朽诗篇。

曹操的《观沧海》充分展现了其壮志情怀

"东临碣石,以观沧海。"开篇点题,交代了观察的方位、地点以及观察的对象。诗人登上碣石山顶,居高临海,视野寥廓,大海的壮阔景象尽收眼底。

"水何澹澹,山岛竦峙。"这句写从碣石山往下看沧海的情形。茫茫的大海上碧波万顷,一望无垠,只有脚下的山岛高高地耸立在海心。我们都知道,同样是观海,站在岸边、坐在船头或登上山顶,感受却有很大不相同。曹操这时候站在山上,第一眼看到的自然是大海的全景。所以他从大处落笔,着力渲染大海那种苍茫浑然的气势,给人一种坚定倔强的感觉。山岛巍然,一下子就吸引了诗人的注意,所以紧接着就写岛上的景色。

"树木丛生,百草丰茂。秋风萧瑟,洪波涌起。"前两句具体写竦峙的山岛:虽然已到秋风萧瑟、草木摇落的季节,但岛上树木繁茂、百草丰美,给人诗意盎然之感。后两句则是对"水何澹澹"一句的进一层描写:定神细看,在秋风萧瑟中的海面竟是洪波巨澜,汹涌起伏。

"日月之行,若出其中;星汉灿烂,若出其里。"这寥寥十六个字,就写出了沧海之大,写出了一幅吞吐日月、含孕群星的气派。茫茫大海与天相接,空蒙浑融;在这雄奇壮丽的大海面前,日、月、星、汉(银河)都显得渺小了,她们的运行,似乎都由大海自由吐纳。

从体裁看,《观沧海》这首诗,是一首写景抒情的古体诗。海水、山岛、草木、秋风,全是眼前景物,不过后文中的日月星汉,是曹操想象之景,并不是真实看到的景象。诗写秋天的大海,能够一洗悲秋的感伤情调,写得沉雄健爽,气象壮阔,这与曹操的气度、品格乃至美学情趣都是紧密相关的;意境开阔,气势雄浑,这种浪漫豪迈的诗风格调,与一个雄心勃勃的政治家和军事家的风度是吻合的,整诗描绘了生气勃勃的大海风光,勾勒出了大海吞吐日月、包容天地的雄伟气象,实际上在歌颂祖国壮丽的山河,透露出作者热爱祖国的真挚情感和一统山河的强烈愿望。

整首诗不仅通篇写景,寓情于景,句句写景,又是句句抒情,且独具一格,字里行间气势浩瀚雄浑,胸怀博大广阔,体现了诗人积极向上、雄姿勃发的帝王胸怀。如果说庄子之海带有某些说理的意味,那么,曹操之海已经是完全濡染了文学家的审美情趣而去观赏大海雄浑的气象了。

潮来怒卷,汐自东西——叹潮汐

潮者,海水定时涨落之谓也。"八月十八潮,壮观天下无。"这是北宋大诗人苏东坡咏赞钱塘秋潮的千古名句。天下闻名、汹涌壮观的钱塘大潮,以其磅礴的气势和壮观的场景,历来被誉为"天下奇观"。

泱泱诗国,中华大地的名胜古迹、名山大川,无不孕育着诗情,又为诗词所描绘,两相辉映。钱塘江潮作为一种自然奇观,引起了无数的文人墨客为她痴迷,历代观潮诗人、词家对她吟咏不绝。千百年来,钱塘江以其奇特卓绝的江潮,观潮也成了古今盛事,早在汉、魏、六朝时就已蔚成风气,至唐、宋时风气更盛。清代费饧璜(1664—? 年)《广陵涛辩》云:"春秋时,潮盛于山东,汉及六朝盛于广陵。唐、宋以后,潮盛于浙江,盖地气自北而南,有真知其然者"。观潮历经 2000 余年,已成为当地的习俗。因此,我国古代的墨客词人多以钱塘大潮作为描写对象。

范仲淹的"海面雷霆聚,江心瀑布横",用瀑布声来对钱塘江潮进行描写是突出了钱塘江潮的声音之大;杜甫的"天地黯惨忽异色,波涛万顷堆琉璃",写了钱塘江潮来时可以使天地变色,无数的波涛汹涌澎湃,可见江潮来时是如何壮观,气势是如何之大;

李廓《忆钱塘》的"一千里色中秋月，十万军声半夜潮"，写了夜晚江潮来时的气势如大军来临；孟浩然《与颜钱塘登樟亭望潮作》的"百里闻雷震，鸣弦暂辍弹。府中连骑出，江上待潮观"，描述了带着雷鸣般声音的潮水来时的那种汹涌澎湃的气势使人忘记自己的职责去观看，可见钱塘江潮气势之大是如何地让人难以抗拒。南宋文人周密观钱塘大潮后写下的著名文章《观潮》："浙江之潮，天下之伟观也。自既望以至十八日为盛。方其远出海门，仅如银线；既而渐近，则玉城雪岭际天而来，大声如雷霆，震撼激射，吞天沃日，势极雄豪。杨诚斋诗云'海涌银为郭，江横玉系腰'者是也。"这段文字描写了南宋时期钱塘江海潮的景象和观潮的盛况。王维的"日落江湖白，潮来天地清"，描写了夕阳西下，晚潮涌来、江水猛涨、碧水蓝天、连成一片，好像春色充塞天地，既写了海潮的巨大气势，又突出其何等壮美……

宋代夏圭《钱塘秋潮图》

对于钱塘潮，有一个让人不得不提的传说。春秋战国时期，吴王夫差打败了越国。越王勾践表面上向吴国称臣，暗中却卧薪尝胆，准备复国。此事被吴国大臣伍子胥察觉，多次劝说吴王杀掉勾践。由于有奸臣在吴王面前屡进谗言，吴王反而赐剑让伍子胥自刎，并将其尸首煮烂，装入皮囊，抛入钱塘江中。伍子胥死后九年，越王勾践在大夫文种的策划下，果然灭掉了吴国。但越王也听信传言，迫使文种伏剑自刎。伍子胥与文种这两个敌国功臣，虽然分居钱塘江两岸，各为其主，但下场一样，同恨相连。他们的满腔郁恨，化作滔天巨浪，掀起了钱塘怒潮。

钱塘江潮有着这么一段让人唏嘘的故事自然引起了诗人对她的留恋与不舍。徐凝《观浙江涛》："钱塘郭里看潮人，直至白头看不足。"陆游《观潮》："嗟余往来不知数，惯见买符官发渡。云根小筑幸可归，勿为浮名老行路。"这两句诗均表达了诗人愿意与潮水为伴隐居在江口观潮来度过自己人生。孟浩然《初下浙江舟中口号》："八月观潮罢，三江越海浔。回瞻魏阙路，无复子牟心。"诗人在看完八月的钱塘江大潮后已无心回去，表明钱塘江潮是多么的令人难忘。可惜人的一生注定要为其他的事而奔波……

也正是因为海潮给了人们心灵的震撼、启迪和灵感，因此为历代文人墨客提供了丰富的创作素材，从而留下了许多脍炙人口的诗词，其中也寄托了他们丰富的思想情感，成为中华文化中的瑰宝，成为中华水文化中的奇葩，成为中华"潮文化"中的璀璨明珠。下面我们就通过唐代著名诗人孟浩然的《与颜钱塘登樟亭望潮作》来领略一下钱塘江大潮的风采：

与颜钱塘登樟亭望潮作

孟浩然

百里闻雷震，鸣弦暂辍弹。

府中连骑出，江上待潮观。

照日秋云迥，浮天渤澥宽。

惊涛来似雪，一坐凛生寒。

孟浩然（689—740）唐代诗人。襄州襄阳（今湖北襄樊）人，世称孟襄阳，是唐代一位不甘隐居，却以隐居终老的诗人。孟诗以清旷冲澹为基调，但冲澹中有壮逸之气，如《望洞庭湖赠张丞相》"气蒸云梦泽，波撼岳阳城"一联，精力浑健，俯视一切。但这类诗在孟诗中不多见。总的来说，孟诗内容单薄，不免窘于篇幅。但孟浩然的诗更多地抒写了个人的抱负，给开元诗坛带来了新鲜气息。

首联："百里闻雷震，鸣弦暂辍弹"。诗一起手就在造势：百里之外，潮水怒吼，雷鸣震耳。诗人用了枚乘《七发》的"疾雷闻百里"句，百里之外，已闻涛声，则涛声之高可想而知。这是以先声夺人的手法侧面写潮。未见江潮，先闻其声。潮声巨大，犹如雷震，且震动百里。"鸣弦暂辍弹"是描述县令暂停公务前往观潮，字面上却以"鸣弦辍弹"出之，巧妙地造成以弦声反衬潮声，使人感到在江潮的巨大声势下，弦声都喑哑了。

颔联："府中连骑出，江上待潮观。"钱塘县令也暂时放下公务，与府中人连骑而出，急速赶到江岸观潮，就等着看江潮涌起的壮观美景，进一步渲染了气氛。

颈联:"照日秋云迥,浮天渤澥宽。"潮来之前,日照天空,秋云寥远,天海相连,又似天浮海上,这就为潮来布置了海天空阔的场景。太阳高悬,秋云遥远,天空开阔。涌来的海潮,漫漫无涯,层层涨溢,好像天都被浮起来了。充分地表现出大潮澎湃动荡的伟力。

尾联:"惊涛来似雪,一坐凛生寒。""惊涛来似雪"正面描绘江潮涌来,喷雪溅珠,令人惊心动魄。正面写潮,写出惊涛来似雪的惊涛形象。但立刻又以"一坐凛生寒"收束全篇,戛然而止。滚滚惊涛,浪花怒卷,如同白茫茫雪阵压过来,一坐之人,顿觉寒气凛冽,不禁打起"冷战"。进一步写潮水迅猛,其色生寒,其气锋锐。

这首诗层层渲染,句句紧凑,结构严密,气势逼人。孟浩然的山水田园诗,艺术风格基调是清迥冲淡。但正如古人所说,他的诗"冲淡中有壮逸之气"(《唐音癸签》引《吟谱》语)。一部分作品,"精力浑健,俯视一切,正不可徒以清言目之"(潘德舆《养一斋诗话》)。这首诗就是属于意境雄阔的。比起作者描绘洞庭湖的名句"气蒸云梦泽,波撼岳阳城"(《望洞庭湖赠张丞相》)来,各有千秋,其通篇写江潮奇景,一意贯之,意境严整,浑然天成。

古人说,一张一弛,文武之道。其实也合作诗之道。这首诗利用张弛的原理、高低的变化,写得波澜起伏,动人心魄。《吟谱》说孟浩然诗"冲淡中有壮逸之气",而这首诗以雄健壮丽为主,可以说她是壮逸中有冲淡之气。这首诗塑造的潮水形象,鲜明生动,有声有色,情在景中,情景交融,无疑为咏潮诗景物形象的塑造提供了优秀的范例。

声喧石乱,色静深松——歌婉溪

在古代咏水诗人的笔下,咏水诗是一个充满灵性、显露生命的童话世界。咏水诗人总是怀着一颗赤子之心,与自然相亲,与生命同行,妙笔生花地抒写了一曲曲鲜活灵动、生机怏然的天籁之歌。

世界上的风景大致可分为两类:一类是自然景观,指风景自然天成,与生俱来。例如内蒙古草原的无垠,西双版纳的原始,张家界的奇绝。另一类则是人文景观,"地因人始重",风景经名人大家的吟唱、传诵,被赋予丰富的人文精神,内容得以重新挖掘和升华，此后声名鹊起，经久而不衰，并且随时间的推移而愈发闪亮。例如苏东坡之于西湖，范仲淹之于岳阳楼，张继之于寒山寺。溪当然是属于后一类的。从史料记载看，众多文人雅士对溪可谓情有独钟，溪水成了诗人们的知己，纷纷与溪缔结了不解之缘。很多与溪相关而又流传至今的诗歌，蜚声千古，足见诗人对溪水的珍爱程度。

唐代张旭的"隐隐飞桥隔野烟，石矶西畔问渔船"道出了桃花溪的若隐若现；崔颢的"岩中响自答，溪里言弥静"刻画了若耶溪的优雅与宁静；王维的"漾漾泛菱荇，澄澄映葭苇"描绘了青溪的蜿蜒多姿；李商隐的"色染妖韶柳，光含窈窕萝"抒写了西溪的美不胜收；元代戴表元的"碧水千塍共，青山一道斜"展现了苕溪的淡雅清新；宋代梅尧臣的"行到东溪看水时，坐临孤屿发船迟"倾诉了东溪是那样的诱人与陶醉……

溪水之美，不只是外表，更多的是在于其隽永婉约的内涵。这一点，我们从唐代大诗人王维的《青溪》就可以看得出来：

宋代夏圭《西湖柳艇图》局部

青溪
王维

言入黄花川，每逐青溪水。

随山将万转，趣途无百里。

声喧乱石中，色静深松里。

漾漾泛菱荇，澄澄映葭苇。

我心素已闲，清川淡如此。

请留盘石上，垂钓将已矣。

王维（701—761），唐代著名诗人，字摩诘。原籍祁（今山西祁县），其父迁居于蒲州（今山西永济市），遂为河东人。晚年居于蓝田辋川别墅。开元进士科第一（即状元）。历任太乐丞、右拾遗、吏部郎中等职。安禄山叛乱时，被迫作过给事中。后因曾受伪职降为太子中允。再迁中书舍人，转尚书右丞时，人称王右丞，卒于官。其诗、画成就都很高。苏轼曾说："味摩诘之诗，诗中有画；观摩诘之画，画中有诗。"画，工人物、丛竹、山水；诗，是唐代山水田园派的代表，尤以山水诗成就为最，与孟浩然合称"王孟"。在唐开元、天宝时代，王维是当时最负盛名的诗人。晚年无心仕途，专诚奉佛，故后世人称之为"诗佛"。存诗约400首，重要诗作有《相思》《山居秋暝》等。王维精通佛学。佛教有一部《维摩诘经》，是维摩诘菩萨讲学的书。王维很钦佩维摩诘，所以自己名为"维"，字"摩诘"。有《王右丞集》。

诗人常借青溪表心志，抒发情怀

这是一首情景交融的写溪水诗，写青溪景物，借清淡之溪，表诗人心志，抒隐逸情怀。全诗可以分为三个段落，前四句为第一段落，对青溪做了总体介绍；中四句，诗人顺水而下，绘声绘色地描绘出了溪水各具特色的画面，令人生羡；后四句抒情，点出诗人描绘青溪水的用意。

首联："言入黄花川，每逐青溪水。"言入：进入。言，语助词，无实意。黄花川：水名，在今陕西凤县东北。每逐：常常沿着。逐，沿着。青溪：水名，在陕西沔县东。诗人以赋笔开篇，说自己进入黄花川时，每次都沿着青溪水而行。"每"字表明诗人多次过青溪，对青溪的特点深有体会，看来王维曾不止一次地循青溪入黄花川游历，为全篇展开作了铺垫。

二联："随山将万转，趣途无百里。"万转：山路盘旋崎岖，溪流亦随之曲折蜿蜒。趣途：前行的路程。趣，同趋。此联有叙述有描写，写青溪虽无百里之长，但随山路曲折，总括上介绍了青溪。这一段路程虽长不及百里，但溪水随着山势盘曲蛇行，千回万转，颇为蜿蜒多姿。王维另有一首《自大散以往深林密竹磴道盘曲四五十里至黄牛岭见黄花川》，也说那里的山路"危径几万转"，可与此诗的"随山将万转"对看。

三联："声喧乱石中，色静深松里。"作者开始采用"移步换形"的手法，顺水流而下，开始从声、色之状来描绘青溪。前句写青溪随山势陡峭雨水流淌，在乱石之中跌宕冲激；

后句写溪流有时进入山势平缓之处,树林密布,景色幽深。这两句写景,一写溪流之"声",一写其"色",一写其"喧",一写其"静",一动一静,动静结合,以动衬静,声色相通,表现了溪水的变化多姿,勾画出青溪水流动的生动美妙的画面,极富于意境美,使人爱悦。

四联:"漾漾泛菱荇,澄澄映葭苇。"写青溪慢慢流入平坦宽广之处,此时溪流中景物绚丽多姿,在漾漾溢溢的平流中有菱角、荇菜,漂浮在荷澈澄明的溪水中。有芦荻、葭苇随风摇曳,此处均暗中化用《诗经》荇菜、蒹葭的志象,表达一种高洁之心,寓意一种理想和追求。景中寓情,情中涉景,读后令人油然而生爱悦之意。

五联:"我心素已闲,清川淡如此。"素:平素,一向。诗人正是有意借青溪来为自己写照,以清川的淡泊来印证自己的夙愿,心境、物境在这里已融合为一了。转到抒情,自然妥帖,以清川之"淡"进一步比我心之"闲",将心境与景物之境融为一体,巧妙地完成了诗的主旨。

末联:"请留盘石上,垂钓将已矣。"盘石:厚而大的石头。将已矣:将如此了却一生。已,停止。此联是诗之余波,诗人暗用了东汉严子陵垂钓富春江的典故,表达隐逸之情。在仕途坎坷之时,发出"垂钓将已矣",想以隐居青溪作为自己的归宿隐逸了此一生,也是不得已而为之的选择。这固然说明诗人对青溪的喜爱,更反映了他在仕途失意后自甘淡泊的心情。诗中含而不露,耐人寻味。

全诗自然清淡素雅,写景抒情皆轻轻松松,均不刻意为之,表面上看似不着意,然而韵味隽永醇厚,平淡而有思致。诗人笔下的青溪是喧闹与沉郁的统一,活泼与安详的糅合,幽深与素静的融合,吟之令人羡慕向往。诗人自己更是心已恬静无欲,如清溪之水,洁净淡泊的态度,保持着无声的沉默。前人评"王右丞如秋水芙蕖,倚风自笑",是再恰当不过的。其和蔼、平和、谦让,如波澜不惊的水面;水静流深,在那平静下面,一定是不断涌动的激情,是锲而不舍的奔流。

松间明月,石上清泉——听泉声

何谓"泉"?《辞源》《辞海》里给出了这样的解释:从地下涌出来的水为泉。古代辞典《说文解字》把"泉"解释为水源:"泉,水原也。像水流出成川形。字亦作洤。"洤,从水从全。"全"本义为"纯玉"。"水"与"全"联合起来表示"如玉之水"、"纯净之水"。泉常常是河流的源头。许多清泉汇成为溪流,是河流补给的重要形式之一。可见,祖先们对泉水的作用早就有很明确的认识。

位于我国云南的蝴蝶泉

我国幅员辽阔,泉水资源也十分丰富,从南到北,从东到西,泉水分布之多,数不胜数。有人估计,我国的泉眼至少在十万眼以上。其中,已知的有名的温泉就达2600余眼,为世界各国温泉数之冠。碧水清泉更是数以千计。其中水质好、水量大或因水奇泉怪而闻名遐迩的"名泉"也有百处之多。温泉冬夏常温、四季如汤;冷泉刺骨冰肌、可饮可浴;承压泉喷涌而出、飞翠流玉;自流泉喷泉如雾、浪花四溅;瀑布泉直流千丈、水石相击;喊水泉闻声而涌、击掌而出;潜水泉清澈如镜、汩汩外溢;喷泉腾地而起、水雾弥漫;间歇泉时淌时停、含情带意。此外,还有离奇古怪、景观奇特的水火泉、冷热泉、甘苦泉、鸳鸯泉等。汩汩清泉,水质清澈,晶莹可爱。泉涌景观,千姿百态,五彩缤纷。晋陶渊明《归去来兮辞》有云:"木欣欣以向荣,泉涓涓而始流。"唐李白《梦游天姥吟留别》有云:"熊咆龙吟殷岩泉,栗深林兮惊层巅。"宋欧阳修《醉翁亭记》有云:"酿泉为酒,泉香而酒洌。"清李应甲《古井甘泉》有云:"泉从山上泻来清,卤地难将洌水呈。为有渊源深百尺,浊流混处独标名。"唐李中《遥赋义兴潜泉》有云:"见说灵泉好,潺湲兴莫穷。谁当秋霁后,独听月明中。溅石苔花润,随流木叶红。何当化霖雨,济物显殊功。"

名泉留胜迹,文人多吟咏。凡有泉的地方一般都是景色秀美之所在,故常令历代文人墨客流连忘返,并留下许多美文佳作、趣事逸闻,反过来又为这些名泉平添了声色。自古以来,很多文人墨客游历大江南北,不辞辛劳,亲访名泉,品水题留,成就了不少诗篇;辅之以婀娜多姿、错落有致的亭台楼阁,在云雾中时隐时现,雾气腾腾,水天相连,如同仙境一般。那如诗如画般的绝美佳境，恰似瑶池降于人间一般美轮美奂，总会让诗人犹如身临其境，顿觉如醉如痴。泉，或似明珠散落，晶莹剔透，叮咚入耳；或似涓涓细流，悠然而下，声如秋雨潇潇；或如银花盛开，喧腾飞溅，声如虎啸狮吼……历代文人墨客和达官贵人徜徉在这里，欣赏美景，触景生情，有感而发。各大名泉都留下他们的足迹，还有数泉以著名历史人物的名或号命名，有的留下了千古不朽的摩崖石刻，有的留下了脍炙人口的诗词歌赋。如济南趵突泉、湖北宜昌的陆游泉、江西上饶的陆游泉、杭州西湖的六一泉、山东淄博的柳泉等，更是让游人联古唱今，流连忘返。历代咏泉诗很多，如：王维的"明月松间照，清泉石上流。"（《山居秋暝》）杨万里的"泉眼无声惜细流，树阴照水爱晴柔。"（《小池》）杜甫的"在山泉水清，出山泉水浊。"（《佳人》）孟浩然的"松月生夜凉，风泉满清听。"（《宿业师山房待丁大不至》）……其他有关泉的诗句，如："龙吟虎啸一时发，万籁百泉相与秋。"（李颀《听安万善吹觱篥歌》）"间关莺语花底滑，幽咽泉流水下滩。冰泉冷涩弦凝绝，凝绝不通声暂歇。"（白居易《琵琶行》）"涧空啼鸟寂，地僻野泉通。"（林鸿《秋日登石壁精舍》）"天泉水暖龙吟细，露畹春多凤舞迟。"（李商隐《一片》）……历代文人墨客在泉边留下的无数墨宝，无疑大大丰富了华夏泉文化的内涵。

泉，为世人青睐，历代文人墨客、社会名流、风流雅士，赋诗颂泉，也向世人道出了许多人生哲理。清张善恒的《咏满井泉》，"凡物盈则亏，尔泉盍自警；不见学道人，终日差短绠"，向世人道出了"盈则必亏"的人生哲理，告诫人们为人处世要谦虚谨慎，切忌骄傲自满；《咏无忧泉》，"盈涸本无常，自行还自止；安得一寸心，化作无忧水"，劝诫世人去领悟"盈涸本无常，自行还自止"这个道理，以一颗平常心来对待生活中的忧愁烦恼。还有借泉讴歌人世间爱情的"清可鉴须眉，中流澹如此；谁是濯缨人，长歌怀孺子"。更有借泉教子醒世的警句"滴水之恩，涌泉

济南趵突泉

相报",为世人所传颂。

下面就让我们一起来欣赏元代张养浩的《趵突泉》,在天下第一名泉的灵气与万千变化中去品味人生、感悟生命。

趵突泉
张养浩

绕栏惊视重徘徊,流水缘何自作堆。
三尺不消平地雪,四时尝吼半空雷。
深通沧海愁波尽,怒撼秋涛恐岸摧。
每过尘怀为潇洒,斜阳欲没未能回。

张养浩(1269—1329),字希孟,号云庄,济南(今属山东)人,元代著名散曲家。诗、文兼擅,而以散曲著称。唐朝名相张九龄的弟弟张九皋的第23代孙。代表作有《山坡羊·潼关怀古》等。

趵突泉,泺水源于此泉,泉址位于济南市旧城西南,现趵突泉公园内。一名瀑流泉,又名槛泉,自曾巩始称趵突泉,为济南七十二泉之首。郦道元《水经注·泺水》云:"固寰中之绝胜,古今之壮观也。"趵突泉的突出之处,就在于泉水从地下岩溶洞的裂缝中涌出,因其泉水涌时趵突跳跃,其水势如鼎沸而得名。泉水平地上涌,浪花四溅,三股并发,昼夜喷涌,冬夏不变,声若隐雷,势若鼎沸,状似堆雪。泉水澄碧,景致奇特,蔚为壮观。趵突泉名满神州,留下的题咏无数。清代文学家蒲松龄称趵突泉为"海内之名泉第一,齐门之胜地无双"。清代乾隆皇帝品尝趵突泉水后,觉得水味比北京市玉泉水要清冽甘美,便赐封趵突泉为"天下第一泉",还写了一篇《游趵突泉记》。文中写道:"泉水怒起跌突,三柱鼎立,并势争高,不肯相下。"有名的文化人曾巩、李清照、赵孟頫、蒲松龄、吴伟业等都曾为之题词吟咏,都极为生动形象地表现出趵突泉的天然灵秀和神韵。元代杂剧家张养浩的这首《趵突泉》诗,也很好地为我们描绘了趵突泉的盛景。

首联:"绕栏惊视重徘徊,流水缘何自作堆?"开笔不俗,如何引人入胜。作者写自己世代居住的故乡景色,这趵突泉本是十分熟悉之处,今日重又登临观赏,作者如何写出新感觉,新视角?用"惊视"二字,笔端奇趣横生,读者立刻在想象泉水的奇观壮彩,这景象仿佛作者也是生平从未见过。这"惊视"二字振起全篇。惊奇之后,进而自问,泉水本来是潺潺流动,此处为何聚拢成堆?这一问,与"惊视"呼应,并引出下联诗句。

颔联:"三尺不消平地雪,四时尝吼半空雷。"正面描绘趵突泉的雄奇景色。泉水喷涌,高达三尺多,日夜不停歇,激起浪花如平地堆雪;因泉涌不止,泉声不停,仿佛半空雷声阵阵。这两句从视觉、听觉分别描绘出趵突泉的壮势,可谓有形有神,形神兼备。

颈联:"深通沧海愁波尽,怒撼秋涛恐岸摧。"由眼前景突发奇想,从而进一步衬出趵突泉壮猛气势。诗人忧虑泉水深通沧海,终有一天会将水源喷尽;又恐怕泉水发怒震坏湖岸。诗人用夸张手法,写出趵突泉水不同寻常的猛烈之势。诗中的"岸"字似指济南城北的大明湖。元代书法家赵孟頫在咏趵突泉诗有"云雾润蒸华不注,波涛声震大明湖"之句。二诗在用笔构图上都有纵横开阖、异曲同工之妙趣。"愁"、"恐"两字道出了诗人知水懂水、喜水爱水、眷水恋水的真挚情怀。

尾联:"每过尘怀为潇洒,斜阳欲没未能回。"进一步写出对趵突泉的爱恋。每观赏一次,都能让心胸为之更开阔,心态变得更为潇洒,心怀也得到进一步洗涤,达到一种全新的精神境界,因此才会对她爱恋不舍,纵使夕阳西下,诗人依旧流连忘返,久久不忍离去。"每过"与首句"重徘徊"相呼应,"惊视"到"未能回",既写出观景之态,也写出观景之心,足见趵突泉的非凡魅力,引人入胜。

"泉源上奋,水涌若轮",中国古代文论往往有"诗品出于人品"、"风格即人格"的说法,揭示作家创作与其人格修养的密切关系。张养浩在元代知识分子中是一位德才兼备、淡泊名利及有德政和实绩且政声极佳的官员,又是一个热爱生活、积极进取、乐观明达的人,他总是将自己对山水林泉的深挚情感渗透在对自然美景的刻画描绘中,使画面荡漾出清新明快的气息,展露出瑰丽鲜亮的色彩意境。张养浩达观宽广的人格修养与他笔下清新明丽的趵突泉一样,其意境美契合无间,水乳交融,也给读者带来了无尽的美感,不禁让人想起了老舍先生的一句话——永远那么纯洁，永远那么活泼，永远那么鲜明，冒，冒，冒，永不疲乏，永不退缩，只是自然有这样的力量！

挂流百丈，半洒云天——望飞瀑

山之美，美在群峰竞秀，参差林立，美在云雾缭绕，虚无缥缈。水之美，美在气象万千，或清澈似镜，或波涛汹涌，或急流奔腾，或流水潺潺。那么山水相依美之至极者，则首推瀑布。

瀑布，是指从河床纵断面陡坡或悬崖上倾泻下的水流。瀑布是大自然鬼斧神工的杰作，是大自然的奇观之一，瀑布本身所具有的优美造型和独有的风韵，或雄，或险，或秀，或奇，都给人以美的享受，在山水风景中可谓一枝独秀，具有极高的观赏价值，因而备受文人墨客的礼赞。她作为比较完整的形态和独立意义的审美现象出现，在诗人笔下显得越发神采飞扬。古往今来，不知引发过多少文人墨客的情怀灵感，或为瀑布那江海倒悬的磅礴气势所折服，或倾倒于瀑布那婀娜多姿的飘逸神态，诗人们绞尽脑汁地临瀑而著文赋诗，留下无数精美的歌咏诗篇。"拔地万里青嶂立，悬空千丈素流分。共看玉女机丝挂，映日还成五色文。"这是王安石笔下的

瀑布美景

千丈岩瀑布。"禹功疏凿最先径，一线奔流若建瓴。石埏横分薄烟雾，天瓢倒海吼雷霆。"这是崔光笏笔下的壶口瀑布。"犀潭飞瀑挂崖阴，雪浪高翻水百寻。几度凭栏观不厌，爱他清白可盟心。"这是黄培杰笔下的黄果树瀑布。"日照香炉生紫烟，遥看瀑布挂前川。飞流直下三千尺，疑是银河落九天。"这是李白笔下的庐山瀑布。"休疑宝尺难量度，直恐金刀易剪裁。喷向林梢成夏雪，倾来石上作春雷。"这是曹松笔下的天台瀑布。

"飞空直落一千尺，鬼神不任疏凿功。绝壁古色划尔破，山腹元气冲然通。"这是阮元笔下的大龙湫瀑布。"雷公怒激散飞雹，日脚倒射垂长虹。骊珠百斛供一泻，海藏翻

倒愁龙公。"这是元好问笔下的黄华山瀑布……

瀑布之美于她多姿多彩，变化万千。远看如同玉带飘落，近观却似万马奔腾。直瀑飞流而下，歧瀑秀发披肩，叠瀑婉转如飘。磅礴奔放者，"挂流三百丈，喷壑数十里"；轻柔飘逸者，"飞珠散轻霞，流沫拂穹石"。水流从高崖陡坎飞泻而下，或如倾江倒海，或如白练轻纱，晴时虹飞霓耀，雨来雾霭轻盈。瀑流或如铜鼓金钟之声，铿锵有节，或如琴声潺潺，连绵不绝，和空谷之回声，真如五音七律，鸾凤和鸣。"飞动与静谧相合，意境与乐章相辅，至阴与至阳相容"，登临观赏，怎能不使人感到大自然的神奇，令人产生无尽的遐想呢？！

在这众多的山水诗中，瀑布作为一个重要的题材在唐以后的诗坛上被许多诗人所钟情。但就庐山瀑布，咏者无数。例如："虚空落泉千仞直，雷奔入江不暂息。今古长如白练飞，一条界破青山色"。这是徐凝《庐山瀑布》；"万丈红泉落，迢迢半紫氛。奔流下杂树，洒落出重云。日照虹霓似，天清风雨闻。灵山多秀色，空水共氤氲。"这是张九龄《湖口望庐山瀑布水》。"瀑布半天上，飞响落人间。莫言此潭小，摇动匡庐山。"这是李梦阳《开先寺》。"西登香炉峰，南见瀑布水。挂流三百丈，喷壑数十里。欻如飞电来，隐若白虹起。初惊河汉落，半洒云天里。仰观势转雄，壮哉造化功！"这是李白《望庐山瀑布》。

瀑布诗不仅呈现出独特的美感形态，具有旷远、悠渺的境界，而且是诗人个性、意志与情趣的表现。瀑布的开阔、豪放以及她那飞动的灵魂和瑰玮的姿态与其他意象迥然不同。瀑布诗的出现显著地反映了诗人审美视野的开拓，有时还蕴含着深刻的人生道理。瀑布诗在我国山水诗中占有较大的比重，瀑布题材创作的繁盛，是中国文学历史发展中一个显著而特殊的现象和景观，现选咏瀑布名篇、唐代名相张九龄的《湖口望庐山瀑布水》，我们可以通过这首代表诗去感受瀑布振奋人心的撼地伟力，细细品味历代诗人们的瀑布情怀。

湖口望庐山瀑布水

张九龄

万丈红泉落,迢迢半紫氛。
奔流下杂树,洒落出重云。
日照虹霓似,天清风雨闻。
灵山多秀色,空水共氤氲。

张九龄(673—740)唐玄宗开元年间尚书丞相,诗人。张九龄才思敏捷,文章高雅,诗风清淡。是一位有胆识、有远见的著名政治家、文学家、诗人、名相。他的五言古诗,以素练质朴的语言,寄托深远的人生慨望,对扫除唐初所沿袭的六朝绮靡诗风,贡献尤大。被誉为"岭南第一人"。有《曲江集》二十卷传世。

湖口即鄱阳湖口,与九江隔江,因地处鄱阳湖入江之口,故称湖口。这首诗描写的是庐山瀑布水的远景,从不同角度,以不同手法,取大略细,写貌求神,重彩浓墨,渲染烘托,以山相衬,与天相映,描述出了一幅雄奇绚丽的庐山瀑布远景图;而寓比寄兴,景中有人,象外有音,节奏舒展,情调悠扬,赏风景而自怜,写山水以抒怀,又处处显示着诗人为自己写照。诗人欣赏瀑布,突出赞叹她的气势、风姿、神采和境界。

首联:"万丈红泉落,迢迢半紫氛。"万丈:指山高。红泉:指阳光映照下的瀑布。迢迢:谓天远,从天而降,气势不凡,形容瀑布之长。紫氛:紫色的水汽。此联写瀑布从高高的庐山落下,远望仿佛来自半天之上。而"红泉""紫氛"相映,光彩夺目。写瀑布的风姿:青翠高耸的庐山,杂树丛生,云气缭绕。

颔联:"奔流下杂树,洒落出重云。"重云:层云。远望瀑布,或为杂树遮断,或被云气掩住,不能看清全貌。但诗人以其神写其貌,形容瀑布是奔腾流过杂树,潇洒脱出云气,其风姿多么豪放有力,泰然自若。

颈联:"日照虹霓似,天清风雨闻。"虹霓:阳光射入窜的水珠,经过折射、反射形成的自然现象。此联写瀑布的神采声威。湖口遥对庐山,能见山头云雾变幻及瀑布在日光映照下闪耀的色彩。阳光照耀,远望瀑布,若彩虹当空,神采高瞻;天气晴朗,又似

诗人借庐山瀑布来抒发自己的情怀

闻其响若风雨，声威远播。

尾联："灵山多秀色，空水共氤氲。"灵山：指庐山。氤氲：形容水气弥漫流动。此联赞叹瀑布的境界：庐山本属仙境，原多秀丽景色，而以瀑布最为突出。她与天空连成一气，真是天地和谐化成的精醇，境界何等恢宏阔大。《易·系辞》："天地氤氲，万物化醇。"此用其词，寄托着诗人的理想境界和政治抱负。

但总起来看，诗中所写瀑布水，来自高远，穿过阻碍，摆脱迷雾，得到光照，更闻其声，积天地化成之功，不愧为秀中之杰。这正是诗人遭遇和情怀的绝妙的形象比喻。因此他在摄取瀑布水什么景象，采用什么手法，选择什么语言，表现什么特点，实则都依照自己的遭遇和情怀来进行取舍的。这也是此诗具有独特的艺术成就的主要原因。既然瀑布景象就是诗人自我化身，则比喻与被比者一体，其比兴寄托也就易于不露斧凿痕迹。

至此，整首诗歌言简意赅，通俗易懂：万丈瀑布飞流直下，好像从天上落下，四周呈现半红半紫的雾气。她穿过杂树而直下，穿过重重云雾。阳光照射上去像一条彩色的虹霓，在这晴朗的天气里，又好像听到风雨的声响。这庐山就如同仙山一样，多么壮美呵，烟云与水气融成一片。

作为一首咏瀑布的诗，她所体现的艺术手法是独特而成功的。乍一读，她好像只是单纯地在描写、赞颂瀑布之景象，有一种欣赏风景、吟咏山水的名士气度。稍加吟味，则可感觉其中蕴激情、怀壮志，彰显了诗人胸襟开阔、风度豪放的情怀，其艺术效果是耐人寻味的。"诗言志"，山水即人，诗人在诗歌中表达自己的志向和意愿，由于个人的思想、志向及所处环境、地位的不同，所言的"志"也各不相同。寓志于形象中和咏物言志是诗言志的两种表现方式。这首瀑布诗就是在咏物言志中无疑是一个成功范例。

夜来风雨，润物无声——品雨韵

在中文造字之初，方块字"雨"就代表着一个天地。"雨"在《说文解字》里解释为：雨，水从云下也；一像天，冂像云，水零其间也。凡"雨"之属皆从"雨"（王矩切）。"雨"是从云层中落下的水滴。雨，作为一种自然现象，有春雨、夏雨、秋雨、冬雨之分，有细雨、暴雨、雷雨、骤雨之别，又有落在平原的雨、山区的雨与江河湖海的雨之异。雨景，既是自然的，又往往是奇异的。细雨如丝，微雨如雾，急雨如泼，骤雨如注，千姿百态的雨，很容易使诗人触景生情，灵感涌动。因此，自古以来，诗人们大都喜欢以雨入诗，几千年来，淅淅沥沥的雨落在诗里，造就了无数的咏雨佳作，吟就了不少传世之作。

打开中国文学的浩繁卷帙，雨声可谓声声入耳。《诗经·卫风·伯兮》有"其雨其雨，杲杲出日"，《诗经·豳风·东山》有"我来自东，零雨其濛"，《诗经·曹风·下泉》有"芃芃黍苗，阴雨膏之"。《楚辞·九章·涉江》有"山峻高以蔽日兮，下幽晦以多雨"，《九歌·山鬼》曰："雷填填兮雨冥冥，猨啾啾兮又夜鸣，风飒飒兮木萧萧，思公子兮徒离忧"。宋玉《高唐赋序》谓"妾在巫山之阳，高丘之阻，旦为朝云，暮为行雨，朝朝暮暮，阳台之下"。只是这时诗文中的"雨"多是作为比兴的意象而出现的，尚未能成为作家大规模模拟刻画的具有独立审美意蕴的文学意象。六朝时期，随着"诗缘情而绮靡"（陆机《文赋》）、"气之动物，物之感人，故摇荡性情，形诸舞咏"（钟嵘《诗品序》）等文学观念对诗歌创作影响的不断深入，咏物诗的创作得到了很大的发展，与之相应，咏雨题材也开始得到诗人们的垂青，如"好雨知时节，当春乃发生。随风潜入夜，润物细无声"（杜甫《春夜喜雨》），"天外黑风吹海立，浙东飞雨过江来"（苏轼《有美堂暴雨》），唐初欧阳询等编撰的《艺文类聚》即收录咏雨诗二十七首，其中亦不乏一些佳作，如"朔风吹飞雨，萧条江上来。既洒百常观，复集九成台。空蒙如薄雾，散漫似轻埃……"（谢朓《观朝雨诗》），又如"细雨阶前入，洒砌复沾幄。渍花枝觉重，湿鸟翻飞迟。傥令斜日照，并欲似游丝。"（梁简文帝《赋得入阶雨诗》），等等，都是脍炙人口的咏雨名句。

唐代李商隐的《微雨》诗云："初随林霭动，稍共夜凉分。窗迥侵灯冷，庭虚近水闻。"诗人精妙细化了"雾气浮动，夜幕渐临，凉意丝丝，随风飘逸"的初起微雨。温庭筠的《咸阳值雨》诗云:"咸阳桥上雨如悬,万点空蒙隔钓船。还似洞庭春水色,晓云将入岳阳天。"这首即景之作写的是"雨脚如帘,虚悬空际,烟雨霏霏,水气蒸薄"的咸阳桥畔之雨。崔道融的《溪上遇雨》诗云:"坐看黑云衔猛雨,喷洒前山此独晴。忽惊云雨在头上,却是山前晚照明。"抓住夏雨的特点,写出了"来速疾,来势猛,雨脚不定,忽东忽西"的奇观夏雨。北宋苏轼的《有美堂暴雨》诗云:"游人脚底一声雷,满座顽云拨不开。天外黑风吹海立,浙东飞雨过江来。十分潋滟金樽凸,千杖敲铿羯鼓催。唤起谪仙泉洒面,倒倾鲛室泻琼瑰。"饱蘸浓墨,大笔勾勒,雷声轰鸣,乌云密布,横跨大江,呼啸奔来,大雨自远而近,大有倾天泼海之势的暴风骤雨。

笔者面对采撷的一首首咏雨诗,涵咏其中,深感历代诗人具有一种执着追求的艺术创新精神,用真情丽语创作出来的诗篇,精妙之至,令人赞叹,特选咏雨名篇《春夜喜雨》,愿我们也能从中获得丰富的审美享受。

《春夜喜雨》为人们展现出了一个丰富和美好的雨夜美景

春夜喜雨

杜甫

好雨知时节,当春乃发生。

随风潜入夜,润物细无声。

野径云俱黑,江船火独明。

晓看红湿处,花重锦官城。

杜甫(712—770),字子美,自号少陵野老,盛唐大诗人,号称"诗圣",现实主义诗人,原籍湖北襄阳,生于河南巩县。诗人忧国忧民,人格高尚,诗艺精湛,被看作一代诗宗,被尊为"诗圣"。杜甫流传下来的诗有1400多首,其中写雨的诗有50多首。

《春夜喜雨》是杜甫在成都草堂居住时所作,被誉为描摹精工、独具风采、通体精妙的一首五言律诗。此诗以极大的喜悦之情,赞美了来得及时、滋润万物的春雨。其中对春雨的描写,体物精微,绘声绘形,是一首入化传神,别具风韵的咏雨诗,为脍炙人口、千古传诵的佳作。

首联:"好雨知时节,当春乃发生。"好雨知道下雨的节气,正是在植物萌发生长的时候,她随着春风在夜里悄悄地落下,悄然无声地滋润着大地万物。启句总领全诗,热情澎湃,虽是概括叙述,然而形象如画,感人至深。一个"知"字,奇特无比,写活了春雨,写活了春天,写活了诗人狂喜的心情。雨犹人,通情达理,她知道四季生长的道理,及时普降甘露,滋润大地。从这种由衷的赞美之中,我们不仅看出诗人面对春雨的兴奋喜悦之情,而且也可以看出诗人与人民同甘苦、共忧患的高尚情操。此联照应了诗题中的"喜"字。如此好雨,诗人岂能不喜,岂能不赞!

颔联:"随风潜入夜,润物细无声。"诗人采用拟人化手法极为准确地捕捉到春雨入夜的特征,"潜入夜"与"细无声"相配合,一"潜"、一"细",用词精当传神,体贴入微,顿觉诗味陡增,妙趣横生,似见春雨绵绵,似闻声息潇潇,似嗅清香郁郁,似感春情荡荡。真可谓有声有色,多情多态,声色并茂,情态如生,春雨入夜之状态表现得活灵活现,惟妙惟肖。风微而不狂,方为"潜";雨小而不骤,方为"细";雨细风微,方可"润"。然而润物则是春雨的功用,正是诗人之所以喜雨若狂的缘由,也正是全诗的主题所在。

颈联:"野径云俱黑,江船火独明。"这两句笔锋一转,从听觉转为视觉。你看那景色:乌云蔽空,星月潜形,野外的小道上也是一片漆黑,唯有江边船上显现着一点灯光。此联看来是写作者极目所见的雨夜景色,实际上还是在写雨水。更深人寂,而独独诗人不能入睡,踱步乡间小道,赏雨忘返,可见兴致之高,兴奋之烈。若非饱经沧桑人,岂有这般狂喜情。

尾联:"晓看红湿处,花重锦官城。"诗人采用倒装句式,换被动为主动,这一换,化平淡为神奇,给人以独特的艺术感受。花着雨而湿,因此饱满沉重。雨打花而不见其飘零,反觉新奇动人,全在这"重"字,这是对春雨润物的点睛妙笔。这两句写花,实际也是写雨,是写好雨的恩泽。一夜春雨,就使成都内外尽是红湿湿、沉甸甸的一片,显然是夸张。这一夸张用得恰到好处,诗人通过这一夸张的想象,创造出一个理想的境界,把春雨的功用发挥得极为充分。这是春雨灵魂的活现,是诗人之所以喜雨的再次点题。这一煞尾，果断利索，隽永耐味，饱含着浓烈的浪漫主义色彩。

清朝诗人浦起龙说："写雨切夜易，切春难。"这首《春夜喜雨》，字字扣喜意，句句蕴喜情，喜始喜终，一喜贯穿。不仅切夜、切春,而且写出了典型春雨的、也就是"好雨"的高尚品格,诗人一喜春雨知时节，二喜万物可滋润，三喜灾荒可消除，四喜百姓有救济，五喜自家有指望，六喜天下红湿湿。诗人情系民生的高尚情怀和期盼雨水能润泽民生的狂喜之情，跃然眼前，情真意切，栩栩如生。

整首诗语言精练隽永，描写生动传神，承转变化自在，用词精当，体贴入微。清代诗评家赵翼说：杜甫写景"不必有意惊人，而体贴入微，亦复人不能到"（《欧北诗话》),《春夜喜雨》诗,无一艳词而意境开阔,无一丽语而形象如画。全诗四十个字,"个个咀含而出。"无一语不切，无一笔落空。寓情于景，意境优美，难怪后人要称他为"画雨圣手"了。杜甫的雨诗与他所有的诗一样千锤百炼，沉郁精警，其深邃的思想内容与不朽的艺术价值对后世产生了积极而深远的影响，是唐代诗海中的一颗璀璨的明珠。

六出飞花，琼枝玉龙——赏瑞雪

在大自然众多的产儿中，雪可谓得天独厚。雪，是天公奇妙的造化，是大自然美丽的精灵。雪，晶莹洁白，象征着纯洁无瑕，象征着美。雪，融化为水，滋润花草，给大地著上春意，给人们带来收获。雪是圣洁的，她洁白，如水晶，似美玉；雪是潇洒的，她悠然而来，悄然而去；雪是无私的，默默地装扮着广阔无垠的大地……

大雪纷飞，银装素裹，满目琼瑶，很容易撼动文人的魂魄，使之发为诗咏，而赏雪吟诗，更是古代文人乐此不疲的雅事。雪与日月星斗、风雨虹霓一样，是一种自然现象，也是历代文人墨客歌咏的对象，是古往今来吟咏不尽的

宋代夏圭《雪堂客话图》

素材，也是诗人们情有独钟的诗思寄托物。她以洁白晶莹的天赋丽质、冰清玉洁的风格、装点关山的神奇本领、泽被万物的品性，赢得古往今来无数诗人的赞美，并在中国诗歌史上占据了重要的位置。诗人们以真挚的情感，融情于景，留下了无数脍炙人口的名篇。

中国第一部诗歌总集《诗经》里便有"雨雪其雱"(《邶风·北风》)、"雨雪霏霏"(《小雅·采薇》)的诗句。其后，中国文人墨客写出了不少寓意深远、脍炙人口的名句名篇。咏雪诗接踵而至，恰似"雨雪霏霏"，数不胜数，且千姿百态，美不胜收。综观历代的咏雪诗，从《诗经》到近体诗，从魏晋南北朝，到唐、宋、元、明、清，诗人的手法不同，角度各异，真可谓千变万化，异彩纷呈，令人领略不尽。著名诗

唐代王维《长江积雪图》局部

人高适在《别董大》中感慨地写道"千里黄云白日曛，北风吹雁雪纷纷。"杜甫在《绝句》里生动的描绘道"窗含西岭千秋雪，门泊东吴万里船。"卢纶在《塞下曲》中豪迈地写道"欲将轻骑逐，大雪满弓刀。"刘长卿在《逢雪宿芙蓉山主人》里写道"柴门闻犬吠，风雪夜归人。"柳宗元在《江雪》里也写道"孤舟蓑笠翁，独钓寒江雪。"吟咏这些佳句，能够把人带入雪的世界，美的境界里。无可的"因知天地力，覆育有全功"，雪的地位何其崇高；岑参的"忽如一夜春风来，千树万树梨花开"，雪的意境何其优美；韩愈的"白雪却嫌春色晚，故穿庭树作飞花"，雪的情态是何其曼妙；张元的"战罢玉龙三百万，败鳞残甲满天飞"，雪的气势又是何其磅礴！诗人们勇于创新，各呈其才，大大丰富了咏雪诗的审美意象，远远超出了白雪本身的审美属性，因而有效地开拓了人们领略大自然

韵味的天地，具有极高的艺术审美价值。

自古就是豪情与美雪相伴，美雪与诗歌齐飞。作为一个崇尚自然美的民族，中国人对雪的认识，不仅是物质的，而且也是精神的。无论是雪花飘落的翩然姿态，还是白皑皑覆盖大地山河的银装素裹，无论是雪花外表的洁白无瑕，还是雪花内在的高洁典雅，都是中华民族审美观照的对象。巍巍雪山，飘飘雪花，茫茫雪原，断桥残雪，她们以各自的方式向人们诠释着雪之美的韵致。

南朝鲍照在《学刘公干体诗》中写道："胡风吹朔雪，千里度龙山。集君瑶台上，飞舞两楹前。"描绘出了大雪从天而降、意境恢宏、气势博大的威势；北朝庾信在《郊行值雪》一诗歌中写道："雪花开六出，冰珠映九光。"一扫阴惨气氛，将雪之情调刻画的妩媚而又亲切，颇有一种诙谐乐观的情趣。南朝吴均《咏雪》诗中写道："微风摇庭树，细雪下帘隙。萦空如雾转，凝阶似花积。"笔墨简洁，加之诗人观察入微、细腻、贴切、生动、逼真，读来如闻如见，引人入胜。唐朝白居易在《夜雪》一诗中写道："已讶衾枕冷，复见窗户明。夜深知雪重，时闻折竹声。"一波数折，曲尽其貌其势、其情其状，生动传神地写出一场夜雪来。新颖别致，立意不俗，意蕴凝重而又深沉……

正如诗人所说："有诗无雪不精神，有雪无诗俗了人。"可以猜测的是，作为古诗人，如果没有写雪的佳作，应该是不完整的，也是留有遗憾的。吟咏古人有关雪的佳作，特选咏雪名篇《白雪歌送武判官归京》，我们会由衷地感到，是风雪孕育了诗人，是诗人润色了风雪。因此才有了诗人如醉如痴，风雪如诗如画。

白雪歌送武判官归京

岑参

北风卷地白草折，胡天八月即飞雪。

忽如一夜春风来，千树万树梨花开。

散入珠帘湿罗幕，狐裘不暖锦衾薄。

将军角弓不得控，都护铁衣冷难着。

瀚海阑干百丈冰，愁云惨淡万里凝。
中军置酒饮归客，胡琴琵琶与羌笛。
纷纷暮雪下辕门，风掣红旗冻不翻。
轮台东门送君去，去时雪满天山路。
山回路转不见君，雪上空留马行处。

岑参（715—770），唐代诗人，原籍南阳（今河南），迁居江陵（今湖北），出身仕宦家庭。岑参早岁孤贫，遍读经史，晚年诗歌感时伤乱，渐趋消沉。入蜀后，山水诗中添奇壮特色，但隐逸思想在诗中也有了发展。其诗长于七言歌行。所作题材广泛，善于描绘塞上风光和战争景象；气势豪迈，情辞慷慨，语言变化自如。与高适齐名，并称"高岑"，同为盛唐边塞诗派的代表。有《岑嘉州诗集》。

《白雪歌送武判官归京》这首七言歌行，是盛唐著名边塞诗人岑参的杰作之一。

"北风卷地白草折，胡天八月即飞雪。"八月秋高，而北地已满天飞雪。"胡天八月即飞雪"，一个"即"字，惟妙惟肖地写出由南方来的人少见多怪的惊奇口吻。开篇奇突。未及白雪而先传风声，所谓"笔所未到气已吞"——全是飞雪之精神。大雪必随刮风而来，"北风卷地"四字，妙在由风而见雪。此句是说，北风席卷大地把白草吹折，胡地天气八月就纷扬落雪。

"忽如一夜春风来，千树万树梨花开。"诗人将春景比冬景，尤其将南方春景比北国冬景，几使人忘记奇寒而内心感到喜悦与温暖，着想、造境俱称奇绝。这两句以梨花喻雪的诗句，不仅意象鲜明、蕴含丰富，而且赋予了风雪以情感和生气，几乎使人忘记风雪之盛带来的胡地奇寒而内心感到喜悦和温暖，诗人的俊朗豪迈性情与送别友人的真挚情感充溢诗中，豪情丽景与奇绝造意融为一体，堪称品评咏雪之千古名句。

"散入珠帘湿罗幕，狐裘不暖锦衾薄。"以写野外雪景作了漂亮的开端后，诗笔从帐外写到帐内。那片片飞"花"飘飘而来，穿帘入户，沾在幕帏上慢慢消融……"散入珠帘湿罗幕"一句承上启下，转换自然从容，体物入微。"白雪"的影响侵入室内，倘是南方，

纷纷暮雪下辕门，
风掣红旗冻不翻

穿"狐裘"必发炸热，而此地"狐裘不暖"，连裹着软和的"锦衾"也只觉单薄。

"将军角弓不得控，都护铁衣冷难着。"将军都护手冻得拉不开弓，铁甲冰冷得让人难以穿着。"一身能擘五雕弧"的边将，居然拉不开角弓；平素是"将军金甲夜不脱"，而此时是"都护铁衣冷难着"。突出天气的奇寒，实写白雪的威力。

"瀚海阑干百丈冰，愁云惨淡万里凝。"上句写的是地上景，下句写的是天上景，构成了一幅完整的立体画面。地上冰与天上云，色彩黑白鲜明，广袤荒原与万里高空辽阔壮丽。此二句以夸张笔墨既气势磅礴地勾出瑰奇壮丽的沙塞雪景，又为"武判官归京"安排了一个典型的送别环境。如此酷寒恶劣的天气，长途跋涉将是艰辛的呢。突出了边塞雪景的雄壮气魄，又深含着送别友人时的凝重情感。

"中军置酒饮归客，胡琴琵琶与羌笛。"这句说在饮酒时奏起了乐曲。诗人先从宴别写起，在主帅的营帐内，为归京的幕友置酒饯行，还有胡琴琵琶羌笛等很具边地特色的乐器伴奏。盛筵与管弦繁奏形成帐内极为热闹的场面，表现出送友时情绪的热烈和真诚。

"纷纷暮雪下辕门，风掣红旗冻不翻。"送客送出军门，时已黄昏，又见大雪纷飞。这时看见一个奇异景象：尽管风刮得挺猛，辕门上的红旗却一动也不动——它已被冰雪冻结了。"风掣红旗冻不翻"，可谓传神之笔。而那白雪为背景上的鲜红一点，那冷色基调的画面上的一星暖色，反衬得整个境界更洁白，更寒冷；那雪花乱飞的空中不动的物象，又衬得整个画面更加生动。这是诗中又一处精彩的奇笔。诗中有画，景中有情，情景交融。

"轮台东门送君去，去时雪满天山路。山回路转不见君，雪上空留马行处。"轮台：唐轮台在今新疆维吾尔自治区米泉县境内，与汉轮台不是同一地方。满：铺满。形容词活用为动词。山回路转：山势回环，道路盘旋曲折。送客送到路口，这是轮台东门。也就是分手的地点，分手时已是大雪封山，友人远去的身影虽已消失在山回路转的雪地里，诗人还在深情地望着友人走过的地方。送君千里，终有一别。路转峰回，行人消失在雪地里，诗人还在深情地目送。尽管依依不舍，毕竟是分手的时候了。这几句写得句意明白切直，而情意却极为深厚。分手不写挥手告别，而写目送，目送到人看不见了还在看，看那留在雪地上一行长长的马蹄印。这种没有直接说出的惜别之意，更显深若嵘长。"雪上空留马行处"一句，是极其动人的，耐人咀嚼，余味无穷。

整诗内涵丰富，意境鲜明独特，语言明朗优美，旋律跌宕生姿，具有极强的艺术感染力。有大笔挥洒（如"瀚海"二句），有细节勾勒（如"风掣红旗冻不翻"），有真实生动的摹写，也有浪漫奇妙的想象（如"忽如"二句），从咏雪到送人，又从送人到咏雪，咏雪中含着送人，送人中含着咏雪，景使情浓烈，情令景丰韵，景情合一，颇具匠心，笔触浩茫凝重，慷慨雄壮，景奇情真，高亢深沉，诗人正是怀着如此丰富的感情，才吟咏出这样奇壮深沉的白雪之歌。

第三章 意味深长——水与散文

明代仇英《桃源仙境图》描绘出文人理想中的隐居之乐

人们常用"行云流水"来形容好的散文，言其文理自然，姿态横生，如水般天然生成，毫无矫揉造作之迹。由于水是文人最常见到的自然元素，又被赋予了许多美好的人格相片，所以他们喜爱以水入文，在明溪翠柳、微风细雨、湖光山色中流连，藉以发思古之幽情，寄托高雅脱俗的隐逸之志。古往今来，写水的散文名篇不胜枚举，下面我们就甄选一些千古名文，从中领略古代山水的无尽魅力及其深厚的文化内涵。

芳草鲜美，落英缤纷——东晋陶渊明《桃花源记》

晋太元中，武陵人捕鱼为业。缘溪行，忘路之远近。忽逢桃花林，夹岸数百步，中无杂树，芳草鲜美，落英缤纷。渔人甚异之。复前行，欲穷其林。

林尽水源，便得一山，山有小口，仿佛若有光。便舍船，从口入。初极狭，才通人。复行数十步，豁然开朗。土地平旷，屋舍俨然，有良田美池桑竹之属。阡陌交通，鸡犬相闻。其中往来种作，男女衣着，悉如外人。黄发垂髫，并怡然自乐。

见渔人，乃大惊，问所从来。具答之。便要还家，设酒杀鸡作食。村中闻有此人，咸来问讯。自云先世避秦时乱，率妻子邑人来此绝境，不复出焉，遂与外人间隔。问今是何世，乃不知有汉，无论魏晋。此人一一为具言所闻，皆叹惋。余人各复延至其家，皆出酒食。停数日，辞去。此中人语云："不足为外人道也。"

既出，得其船，便扶向路，处处志之。及郡下，诣太守，说如此。太守即遣人随其往，寻向所志，遂迷，不复得路。

南阳刘子骥，高尚士也，闻之，欣然规往。未果，寻病终。后遂无问津者。

陶渊明（约365—427），字元亮，又名潜，世称靖节先生，浔阳柴桑（今江西省九江市）人。东晋末期南朝宋初期诗人、辞赋家。《桃花源记》为人们描绘了一个美好的世外桃源：桃林深处，清溪尽头，住着一群不知世事变迁、与世无争的村民，怡然自得地安享着太平，这是多么令人神往的地方啊。李白《山中问答》诗云："桃花流水窅然去，别有天地非人间。"正可做此文的注脚。

东晋政权偏安于江左一隅，与北方所谓的"五胡十六国"经常发生战争。东晋王朝又极端腐败，生活荒淫奢侈，内部互相倾轧，连年混战，对人民进行残酷的剥削和压榨。到了末期更是战乱频仍，赋税徭役繁重，百姓流离失所，陶渊明就生活在这样一个年代里。他不愿意为五斗米折腰，做彭泽县令八十多天便弃职回归田园，躬耕于垄亩之中。在亲眼目睹人民的困苦生活但又无能为力的情况下，他幻想出了这么一个安宁、和谐的人间仙境，以表达对黑暗现实的强烈不满和尖锐批判。

自此文后，历朝历代都有人对"桃花源"进行过寻找，一直想知道这个溪流淙淙、芳草鲜美、落英缤纷，美丽而又神秘的地方在哪里，但终不得而知。《太平御览》卷四十九"地部十四·西楚南越诸山"条引《武陵记》曰："昔有临沅黄道真，住黄闻山侧钓鱼，因入桃花源。陶潜有《桃花源记》。今山下有潭，立名黄闻，此盖闻道真所说，遂为其名也。"《武源记》亦曰："武陵山，中有秦避世人居之，寻水号曰桃花源，故陶潜有《桃花源记》。"这些说法其实是在告诉我们，无论这个世外桃源在哪里，或者有没有世外桃源，都已经不重要，因为它已经成为了中国人的精神家园。

高峰入云，清流见底——南朝梁陶弘景《答谢中书书》

山川之美，古来共谈。高峰入云，清流见底。两岸石壁，五色交辉。青林翠竹，四时俱备。晓雾将歇，猿鸟乱鸣；夕日欲颓，沉鳞竞跃。实是欲界之仙都。自康乐以来，未复有能与其奇者。

陶弘景(456—536)，字通明，南朝梁时丹阳秣陵（今江苏南京）人，著名的医药家、炼丹家、文学家，人称"山中宰相"。《答谢中书书》是他写给朋友谢中书的一封书信。

《答谢中书书》用清流、翠竹等静物与飞鸟、池鱼等动物的对比，产生动静变化，产生灵动、脱俗之美

作者充分调动视觉和听觉,通过高峰、清流、石壁、翠竹等静物和猿鸟、沉鳞等动物的动静变化,与光景辉映,极力描写山之高、水之净、景色之奇,充满了灵动、脱俗之美,传达出一种天人合一的生命愉悦感,读来令人尘垢顿消,心清神明。

天地有大美而不言。山水之美,并不只是美在貌,它所映照出来的是欣赏者的内心世界,只有情怀高雅、内心纯净的人才能真正品味和领悟出它的美。陶弘景深谙庄老之道,以道家的出世眼光看待山水,营造出与天地万物融为一体、独与天地精神往来的审美境界。而这一切,唯有抛却了世俗功利之心的人才能体会,却无法用言语来形容,他的《诏问山中何所有赋诗以答》所反映出的正是这样一种自娱自乐:"山中何所有,岭上多白云。只可自怡悦,不堪持赠君。"

泉水激石,泠泠作响——南朝梁吴均《与宋元思书》

《与宋元思书》描绘出一幅绝美的山水风景

风烟俱净,天山共色。从流飘荡,任意东西。自富阳至桐庐,一百许里,奇山异水,天下独绝。水皆缥碧,千丈见底;游鱼细石,直视无碍。急湍甚箭,猛浪若奔。夹岸高山,皆生寒树,负势竞上,互相轩邈,争高直指,千百成峰。泉水激石,泠泠作响。好鸟相鸣,嘤嘤成韵。蝉则千转不穷,猿则百叫无绝。鸢飞戾天者,望峰息心;经纶世务者,窥谷忘反。横柯上蔽,在昼犹昏;疏条交映,有时见日。

吴均(469—520),字叔庠,吴兴故鄣(今浙江安吉)人。南朝梁时的文学家、史学家。《与宋元思书》是吴均写给好友朱元思的信中的一小段,仅114字,便生动逼真地描绘出了富阳至桐庐间的山水美景,是古代散文中写景的名篇。风烟散尽,水天一色,小船随波荡漾,山峰奇异、流水缥碧,别处绝无此佳色。江水清澈,游鱼、卵石尽收眼底。流水湍急似飞箭,猛浪汹涌如奔马。泉水泠泠,清脆悦耳,好鸟相和,嘤嘤动听;蝉音千转,猿声长鸣,如此美景使人流连忘返,息去功名利禄之心,顿有出尘之思。

当政治黑暗、社会动乱时,人们便会把目光投向山林,期望能够在山水间排解心中苦闷,吴均也是如此。吴均诗文清丽,写景自然,自成一家,号称"吴均体"。他最擅长书札。除了《与宋元思书》外,还有《与施从事书》:"故鄣县东三十五里,有青山,绝壁干天,孤峰入汉;绿嶂百重,清川万转。归飞之鸟,千翼竞来;企水之猿,百臂相接。秋露为霜,春罗被径。风雨如晦,鸡鸣不已。信足荡累颐物,悟衷散赏。"雄伟的青山、万转的清流,景色之奇丽,令人神往,有着净化心灵的作用。《与顾章书》:"仆去月谢病,还觅薜萝。梅溪之西,有石门山者,森壁争霞,孤峰限日;幽岫含云,深溪蓄翠;蝉吟鹤唳,水响猿啼,英英相杂,绵绵成韵。既素重幽居,遂葺宇其上。幸富菊花,偏饶竹实。山谷所资,于斯已办。仁智所乐,岂徒语哉!"仅用了83个字便把石门山如诗如画、赏心悦目的美景展现给了读者。

山水的动人情韵吸引着作者回归自然,而作者高洁的志趣、无邪的主境,正与之相契合,从而能够用简洁优美的语言为我们描绘出一个无忧无虑、鸟语花香的世界。有山有水的地方,是最适合安顿疲惫心灵的,因为它远离功名利禄、纷纷扰扰,能够息去世俗之心。

重岩叠嶂,隐天蔽日——北朝魏郦道元《水经注·江水·三峡》

自三峡七百里中,两岸连山,略无阙处;重岩叠嶂,隐天蔽日,自非亭午夜分,不见曦月。

至于夏水襄陵,沿溯阻绝,或王命急宣,有时朝发白帝,暮到江陵,其间千二百里,虽乘奔御风,不以疾也。

春冬之时,则素湍绿潭,回清倒影。绝巘多生怪柏,悬泉瀑布,飞漱其间。清荣峻茂,良多趣味。

每至晴初霜旦,林寒涧肃,常有高猿长啸,属引凄异,

三峡美景

空谷传响，哀转久绝。故渔者歌曰："巴东三峡巫峡长，猿鸣三声泪沾裳！"

郦道元（约470—527），字善长，范阳涿州（今河北涿州）人。北魏地理学家，所撰《水经注》一书，既是一部地理著作，也是一部山水散文集，对后世山水游记散文的写作产生了极为深远的影响。

《水经注》里记述大小河流1252条，湖泊和沼泽五百多处，泉水和井水等地下水三百多处，伏流三十余处，瀑布六十多处，温泉三十一处。每记一条河或一处湖水，都能够认真记录各种现象，分类很细，如把湖泊分为湖、泽、海、坑、陂、浦、渊、潭、池、薮、渚、塘、淀、沼等，对温泉按温度分为"暖""热""炎热特甚""炎热倍甚"和"炎热奇毒"5个等级。郦道元的《水经注》还很注重文字的可读性，写景生动，如描写瀑布时，他没有泛泛地称之为瀑，而是把泷、洪、悬流、悬水、悬涛、悬泉、悬涧、悬波、颓波、飞清等瀑布的不同形态生动地展现了出来，还引经据典，记录下许多神话传说、人物典故、民俗物产、歌谣谚语等，堪称一部百科全书。

《水经注·江水·三峡》主要描述了三峡中的巫峡，写出了它四季不同的壮丽景色和雄峻风貌，可以说是一篇优美的写景散文。文中写山势连绵七百里，"两岸连山，略无阙处"，又言其高峻，"重岩叠嶂，隐天蔽日"，"自非亭午夜分，不见曦月"；写水势之疾，说可以朝发白帝，暮至千二百里外的江陵，"虽乘奔御风，不以疾也"，虽不乏夸张之语，但很令人信服。可见，李白的诗句"朝辞白帝彩云间，千里江陵一日还；两岸猿声啼不住，轻舟已过万重山"，正可印证此言不虚。对江水的描写尤其精彩：白色的激流，回旋着清波；碧绿的深水，映出奇松怪柏的倒影；高悬的清泉和瀑布，发出巨响，在林间奔流冲荡。山高水清，树荣叶茂，增添了许多趣味。

下见小潭，水尤清冽——唐代柳宗元《小石潭记》

从小丘西行百二十步，隔篁竹，闻水声，如鸣佩环，心乐之。伐竹取道，下见小潭，水尤清冽。全石以为底，近岸，卷石底以出，为坻，为屿，为嵁，为岩。青树翠蔓，蒙络摇缀，参差披拂。

潭中鱼可百许头，皆若空游无所依。日光下澈，影布石上，佁然不动，俶尔远逝，往来翕忽。似与游者相乐。

潭西南而望，斗折蛇行，明灭可见。其岸势犬牙差互，不可知其源。

坐潭上，四面竹树环合，寂寥无人，凄神寒骨，悄怆幽邃。以其境过清，不可久居，乃记之而去。

同游者：吴武陵，龚古，余弟宗玄。隶而从者，崔氏二小生：曰恕己，曰奉壹。

柳宗元（773—819），字子厚，唐代著名文学家、思想家。《小石潭记》全名《至小丘西小石潭记》，以生动凝练的语言描写了"小石潭"的优美景色，充满了诗情画意。作者采用"移步换形"的写法，隔着竹林，先闻"水声"如佩环鸣响，使人顿生好奇与好感，故"心乐之"。见到小潭，更为心旷神怡，因为"水尤清冽"，潭中露出的石头姿态奇特，周围环境清幽静美，"青树翠蔓，蒙络摇缀，参差披拂"，再加上水之清、鱼之乐，使人的灵魂得到净化。

清冽小潭，鱼游其中

柳宗元被贬为永州司马时，为了消解胸中积愤，以游览山水为乐，作有《永州八记》，包括《始得西山宴游记》《钴鉧潭记》《钴鉧潭西小丘记》《小石潭记》《袁家渴记》《石渠记》《石涧记》《小石城山记》。他在《始得西山宴游记》中说："自余为僇人，居是州，恒惴栗。其隟也，则施施而行，漫漫而游。日与其徒上高山，入深林，穷回溪，幽泉怪石，无远不到。到则披草而坐，倾壶而醉。醉则更相枕以卧，卧而梦。意有所极，梦亦同趣。"当遭遇人生挫折时，人们最渴望的便是回归山林，"悠悠乎与颢气俱，而莫得其涯；洋洋乎与造物者游，而不知其所穷"，达到物我两忘的境界，忘却世间烦忧，这也是天性使然。

浩浩汤汤，横无际涯——北宋范仲淹《岳阳楼记》

庆历四年春，滕子京谪守巴陵郡。越明年，政通人和，百废具兴。乃重修岳阳楼，增其旧制，刻唐贤今人诗赋于其上。属予作文以记之。

予观夫巴陵胜状，在洞庭一湖。衔远山，吞长江，浩浩汤汤，横无际涯；朝晖夕阴，气象万千。此则岳阳楼之大观也。前人之述备矣。然则北通巫峡，南极潇湘，迁客骚人，多会于此，览物之情，得无异乎？

若夫霪雨霏霏，连月不开，阴风怒号，浊浪排空；日星隐耀，山岳潜形；商旅不行，樯倾楫摧；薄暮冥冥，虎啸猿啼。登斯楼也，则有去国怀乡，忧谗畏讥，满目萧然，感极而悲者矣。

至若春和景明，波澜不惊，上下天光，一碧万顷；沙鸥翔集，锦鳞游泳；岸芷汀兰，郁郁青青。而或长烟一空，皓月千里，浮光跃金，静影沉璧，渔歌互答，此乐何极！登斯楼也，则有心旷神怡，宠辱偕忘，把酒临风，其喜洋洋者矣。

嗟夫！予尝求古仁人之心，或异二者之为，何哉？不以物喜，不以己悲；居庙堂之高则忧其民；处江湖之远则忧其君。是进亦忧，退亦忧。然则何时而乐耶？其必曰："先天下之忧而忧，后天下之乐而乐"乎。噫！微斯人，吾谁与归？

岳阳楼景观

《岳阳楼记》是北宋文学家范仲淹应好友巴陵郡太守滕子京之请，于北宋庆历六年（1046年）九月十五日为重修岳阳楼而写的。其中的诗句"先天下之忧而忧，后天下之乐而乐""不以物喜，不以己悲"是传诵千古的名句。范仲淹没有去写岳阳楼，因为"前人之述备矣"，他不想再重复，而是另辟蹊径，把目光投向洞庭湖，将记事、写景、抒情和议论融为一体，运用整齐的四言对偶句，巧妙地写出了洞庭湖"衔远山，吞长江，浩浩汤汤，横无际涯；朝晖夕阴，气象万千"的浩瀚气势和壮丽景色。

实际上范仲淹并没有真的登上岳阳楼，滕子京给他看了一幅《洞庭晚秋图》，他根据画面内容写出了这篇洋洋洒洒、气魄宏大的山水名文。洞庭又被称为"云梦"，如唐代诗人孟浩然《临洞庭湖赠张丞相》诗云："八月湖水平，涵虚混太清。气蒸云梦泽，波撼岳阳城。"据考证,"潇湘八景"中的"洞庭秋月""远浦归帆""平沙落雁""渔村夕照""江天暮雪"等,都是洞庭湖的写照。

范仲淹的《岳阳楼记》情景交融、动静结合,文辞简约、优美流畅,巧用传奇体写出了洞庭湖浩瀚的气势与晴雨四季的景色变化,令人心旷神怡。南宋理学家朱熹在《江陵府曲江楼记》中赞叹道:"予于此楼,既未得往寓目焉,无以写其山川风景、朝暮四时之变,如范公之书岳阳也。独次第敬夫本语,而附以予之所感者如此。后有君子,得以览观焉。"

风霜高洁,水落石出——北宋欧阳修《醉翁亭记》

环滁皆山也。其西南诸峰,林壑尤美,望之蔚然而深秀者,琅琊也。山行六七里,渐闻水声潺潺而泻出于两峰之间者,酿泉也。峰回路转,有亭翼然临于泉上者,醉翁亭也。作亭者谁?山之僧智仙也。名之者谁?太守自谓也。太守与客来饮于此,饮少辄醉,而年又最高,故自号曰醉翁也。醉翁之意不在酒,在乎山水之间也。山水之乐,得之心而寓之酒也。

若夫日出而林霏开,云归而岩穴暝,晦明变化者,山间之朝暮也。野芳发而幽香,佳木秀而繁阴,风霜高洁,水落而石出者,山间之四时也。朝而往,暮而归,四时之景不同,而乐亦无穷也。

《醉翁亭记》中的名句"醉翁之意不在酒"广为流传

至于负者歌于途,行者休于树,前者呼,后者应,伛偻提携,往来而不绝者,滁人游也。临溪而渔,溪深而鱼肥,酿泉为酒,泉香而酒洌,山肴野蔌,杂然而前陈者,太守宴也。宴酣之乐,非丝非竹,射者中,弈者胜,觥筹交错,起坐而喧哗者,众宾欢也。苍颜白发,颓然乎其间者,太守醉也。

已而夕阳在山,人影散乱,太守归而宾客从也。树林阴翳,鸣声上下,游人去而禽鸟乐也。然而禽鸟知山林之乐,而不知人之乐;人知从太守游而乐,而不知太守之乐其乐也。醉能同其乐,醒能述以文者,太守也。太守谓谁?庐陵欧阳修也。

宋仁宗庆历五年(1045年),参知政事范仲淹等人遭谗离职,欧阳修上书替他们分辩,被贬到滁州做了两年知州。《醉翁亭记》就写于这个时期。《醉翁亭记》具有很高的艺术性和思想性,格调清丽,遣词凝练,音节铿锵,既有图画美,又有音乐美。最为人称道的是全文创造性地运用二十一个"也"字,具有一唱三叹的风韵。

在作者笔下,醉翁亭的远近左右都是一张山水画:有山、有泉、有林、有亭。他所写的"水",是活泼灵动,充满生命力的,"渐闻水声潺潺而泻出于两峰之间者,酿泉也",短短一句话,即可使人联想到山间清泉潺潺流淌的情状。水的潺潺流动与蔚然深秀的琅琊山形成鲜明对比,再加上"临溪而渔,溪深而鱼肥,酿泉为酒,泉香而酒洌,山肴野蔌",有山,有水,太守当然是发自内心的快乐。

作者用一个"乐"字贯穿全文,对滁州四时的景物进行热情描述与赞美,山林中太守与民同乐,陶醉于如画般的美景之中,这也是对"智者乐水,仁者乐山"的最佳诠释。

清风徐来,水波不兴——北宋苏轼《赤壁赋》

壬戌之秋,七月既望,苏子与客泛舟,游于赤壁之下。清风徐来,水波不兴。举酒属客,诵明月之诗,歌窈窕之章。少焉,月出于东山之上,徘徊于斗牛之间。白露横江,水光接天。纵一苇之所如,凌万顷之茫然。浩浩乎如冯虚御风,而不知其所止;飘飘乎如遗世独立,羽化而登仙。

于是饮酒乐甚,扣舷而歌之。歌曰:"桂棹兮兰桨,击空明兮溯流光。渺渺兮予怀,望美人兮天一方。"客有吹洞箫者,倚歌而和之。其声呜呜然,如怨如慕,如泣如诉,余音袅袅,不绝如缕。舞幽壑之潜蛟,泣孤舟之嫠妇。

苏子愀然,正襟危坐,而问客曰:"何为其然也?"客曰:"'月明星稀,乌鹊南飞。'此非曹孟德之诗乎?西望夏口,东望武昌。山川相缪,郁乎苍苍,此非孟德之困于周郎者乎?方其破荆州,下江陵,顺流而东也,舳舻千里,旌旗蔽空,酾酒临江,横槊赋诗，固一世之雄也，而今安在哉？况吾与子渔樵于江渚之上，侣鱼虾而友麋鹿，驾一叶之扁舟，举匏尊以相属。寄蜉蝣于天地，渺沧海之一粟。哀吾生之须臾，羡长江之无穷。挟飞仙以遨游，抱明月而长终。知不可乎骤得，托遗响于悲风。"

金代武元直《赤壁赋图》

苏子曰："客亦知夫水与月乎？逝者如斯，而未尝往也；盈虚者如彼，而卒莫消长也。盖将自其变者而观之，则天地曾不能以一瞬；自其不变者而观之，则物与我皆无尽也，而又何羡乎！且夫天地之间，物各有主，苟非吾之所有，虽一毫而莫取。惟江上之清风，与山间之明月，耳得之而为声，目遇之而成色，取之无禁，用之不竭，是造物者之无尽藏也，而吾与子之所共适。"

客喜而笑，洗盏更酌。肴核既尽，杯盘狼藉。相与枕藉乎舟中，不知东方之既白。

苏轼（1037—1101），字子瞻，又字和仲，号东坡居士，眉州眉山（今四川省眉山市）人，北宋政治家、文学家。苏轼一生坎坷，但始终保持着旷达乐观的心态，即使屡被贬谪，也从未消沉过。《赤壁赋》作于宋神宗元丰五年（1082年）秋。元丰二年（1079年），他因"乌台诗案"被贬为黄州（今湖北黄冈）团练副使。遭遇人生重大变故之后，苏轼虽然也感叹人生短暂、无常，但他并不消沉，而是以开阔、豁达的胸襟来面对一切，正如文中所言：水与月的流逝与盈虚，都不过是茫茫时空中的短短一瞬，对于人世间的一切烦忧，我们还有什么好计较的呢？

月白风清的七月半，作者与友人泛舟游于赤壁之下，放松身心，陶醉于"清风徐来，水波不兴"的风景之中，顿觉心神舒畅，不由颂出《诗经·月出》中"月出皎兮,佼人僚兮。舒窈纠兮,劳心悄兮"的优美诗句。不一会儿，明月果然从东山而出，此时"白露横江，水光接天",使人尘虑顿消,真想一苇浮江,凌波而去。这样的心情与心境,恐怕只有神仙才能体会吧。

乐极就要生悲,作者由眼前美景不由得想到历史上叱咤风云的曹操,一代枭雄,率百万雄师南下,"舳舻千里,旌旗蔽空,酾酒临江,横槊赋诗",曾经发出:"对酒当歌,人生几何?譬如朝露,去日苦多"的人生苦短之叹,如今这样的英雄人物不也消失在历史长河之中了吗?面对长江的浩瀚无穷,再想想自身的渺小,怎能不悲从中来呢?

作者的低落情绪并没有持续多久,他把以水月的消逝与盈虚作譬,把目光投向茫茫的宇宙,认为从不变的角度看,万物都是永恒的啊。于是转悲为喜,尽情享受游赏之乐,在开怀畅饮中超然物外,忘记时间的流逝。

文章语言优美,真可谓"句句如画,字字似诗",情景交融、境界高远。清代古文大家方苞评论说:"所见无绝殊者,而文境邈不可攀,良由身闲地旷,胸无杂物,触处流露,斟酌饱满,不知其所以然而然。岂惟他人不能模仿,即使子瞻更为之,亦不能如此适调而畅遂也。"的确,此情此景不再,事过境迁之后,纵使苏东坡复为之,恐怕也无法再现了吧。

吞天沃日,势极雄豪——南宋周密《观潮》

浙江之潮,天下之伟观也。自既望以至十八日为盛。方其远出海门,仅如银线;既而渐近,则玉城雪岭际天而来,大声如雷霆,震撼激射,吞天沃日,势极雄豪。杨诚斋云"海涌银为郭,江横玉系腰"者是也。

每岁京尹出浙江亭教阅水军,艨艟数百,分列两岸;既而尽奔腾分合五阵之势,并有乘骑弄旗标枪舞刀于水面者,如履平地。倏尔黄烟四起,人物略不相睹,水爆轰震,声如崩山。烟消波静,则一舸无迹,仅有"敌船"为火所焚,随波而逝。

吴儿善泅者数百,皆披发文身,手持十幅大彩旗,争先鼓勇,溯迎而上,出没于鲸波万仞中,腾身百变,而旗尾略不沾湿,以此夸能。

《观潮》一文生动再现了吴中健儿弄潮的情景

江干上下十余里间，珠翠罗绮溢目，车马塞途，饮食百物皆倍穹常时，而僦赁看幕，虽席地不容间也。

周密（1232—1298）字公谨，南宋时曾任浙西帅司幕官。宋亡，入元不仕，隐居弁山。此文选自《武林旧事》，是作者入元后所作。本文只有两百余字，却写出了钱塘江潮的雄伟壮观景象、水军演习的宏大场面、吴中健儿高超的弄潮技巧和观潮的盛况。开篇用"浙江之潮，天下之伟观也"总领全文，先声夺人。接着交代海潮最盛的时间，然后对潮水从形、色、声、势四个方面进行正面描绘，由远及近地写出了海潮的雄奇壮观：当它远远地从海口那儿涨起来时，仅仅像一条银白色的横线。后来，越涌越近，像玉雕的城墙，雪堆的山岭，潮头之高可想而知。

随后写了水军演习的精彩场面：参加演习的船只众多，演习中阵势变化多样，水兵作战技艺娴熟，演习中战斗激烈，声势浩大，演习结束后撤退迅速。这时潮水已经来到，众多的吴中健儿在惊涛骇浪中作精彩表演，吸引了观潮的人群如织，以致"江干上下十余里间"，"车马塞途""席地不容间"。

翻检古代诗文，写泛化之水的文章非常多，但写潮水的却很少。因为必须有非常高超的文字功底，才能真实地写出钱塘江大潮的波澜壮阔。周密这篇散文无论从布局谋篇还是遣词造句上都很见功力，如写钱塘来潮时的景象，"大声如雷霆，震撼激射，吞天沃日，势极雄豪"，形象地写出了大潮的雄壮气势，读来如在目前。

寒浃肌肤，清入肺腑——明代沈周《记雪月之观》

丁未之岁，冬暖无雪。戊申正月之三日始作，五日始霁。风寒冱而不消，至十日犹故在也，是夜月出，月与雪争烂，坐纸窗下，觉明彻异常。遂添衣起，登溪西小楼。楼临水，下皆虚澄，又四圜于雪，若涂银，若泼汞，腾光照人，骨肉相莹。月映清波间，树影溷弄，又若镜中见疏发，离离然可爱。寒浃肌肤，清入肺腑，因凭栏楯上。仰而茫然，俯而恍然；呀而莫禁，眎而莫收；神与物融，人观两奇，盖天将致我于太素之乡，殆不可以笔画追状，文字敷说，以传信于不能从者。顾所得不亦多矣！尚思天下名山川宜大乎此也，其雪与月当有神矣。我思挟之以飞遨八表,而返其怀。汗漫虽未易平,然老气衰飒,有不胜其冷者。乃浩歌下楼,夜已过二鼓矣。仍归窗间,兀坐若失。念平生此景亦不屡遇,而健忘日,寻改数日,则又荒荒不知其所云,因笔之。

沈周(1427—1509),字启南,号石田,晚号白石翁,长洲(今江苏吴县)人,明代著名书画家。本文选自《沈石田先生诗文集》卷九,作于明孝宗弘治元年(1488年),作者六十二岁。这是一篇写雪景的优美小品文。江南少雪,但这一年吴地特别寒冷,连下了两天大雪,作者面对如此美景,登小楼远眺,以画家特有的眼光,为读者展开了一幅"若涂银,若泼汞,腾光照人,骨肉相莹"的美妙的月下雪景图,妙喻奇思,传神地写出了雪的形貌与精神。

在画家眼中,处处风景皆如画,但面对如此雪景,作者却感叹造物之神奇,将自己置于美景之中,却无法用笔画来描摹,也无法用文字来形容,只有如实记下这次经历,给无法亲临的人看了。文章构思精巧,写景生动,淡雅清丽的文字中蕴含着年华老去的无奈与苍凉。

小船轻幌,净几暖炉——明代张岱《湖心亭看雪》

雪后西湖,美不胜收

崇祯五年十二月,余住西湖。大雪三日,湖中人鸟声俱绝。是日更定矣,余挐一小舟,拥毳衣炉火,独往湖心亭看雪。雾凇沆砀,天与云与山与水,上下一白。湖上影子,惟长堤一痕、湖心亭一点、与余舟一芥、舟中人两三粒而已。

到亭上,有两人铺毡对坐,一童子烧酒炉正沸。见余,大喜曰:"湖中焉得更有此人!"拉余同饮。余强饮三大白而别。问其姓氏,是金陵人,客此。及下船,舟子喃喃曰:"莫说相公痴,更有痴似相公者!"

张岱(1597—1679)字宗子,石公,号陶庵,晚号六休居士,山阴(今浙江绍兴)人,寓居杭州。他出身官宦世家,通晓音乐、戏曲,明亡后不仕,以著书为业,布衣终老。

《湖心亭看雪》选自《陶庵梦忆》，作者以清新淡雅的笔触描绘了雪后西湖宁静清绝的景象，用乐观旷达之心态来观幽静洁白之雪景，营造了一种人间仙境般的纯美意境：西湖上天、云、山、水全都被白雪笼罩，只有长堤露出的一道痕迹，湖心亭的一点，和"我"的一叶小舟，以及船上两三个像米粒一般的游人。此情此景，怎能不令人联想到身处浮华世间，谁又不是"沧海一粟"般的渺小呢？

西湖美景古今共传，但对西湖雪景的描述并不多。张岱以精炼的笔墨、淡雅的笔调，记叙了自己前往湖心亭看雪的经过以及西湖奇丽清绝的雪景，宛然一幅工笔画，简约而不简单，渗透着无尽的寂寞思绪与知己难得的惆怅。他遗世独立、卓然不群，有着高雅的情趣，不愿随世浮沉，更不愿折节事清，雪的洁白正是其精神品质和高尚节操的象征，无一句及此，却又字字透露出此意，真可谓"一切景语皆情语也"。

三瀑三异，卒无复笔——清代袁枚《浙西三瀑布记》

甚矣，造物之才也！同一自高而下之水，而浙西三瀑三异，卒无复笔。

壬寅岁，余游天台石梁，四面崒者屃屭，重者甗隒，皆环梁遮迣。梁长二丈，宽三尺许，若鳌脊跨山腰，其下嵌空。水来自华顶，平叠四层，至此会合，如万马结队，穿梁狂奔。凡水被石挠必怒，怒必叫号。以崩落千尺之势，为群磥砢所挡拔，自然拗怒郁勃，喧声雷震，人相对不闻言语。余坐石梁，恍若身骑瀑布上。走山脚仰观，则飞沫溅顶，目光炫乱，坐立俱不能牢，疑此身将与水俱去矣。瀑上寺曰上方广，下寺曰下方广。以爱瀑故，遂两宿焉。

后十日，至雁宕之大龙湫。未到三里外，一匹练从天下，恰无声响。及前谛视，则二十丈以上是瀑，二十丈以下非瀑也，尽化为烟，为雾，为轻绡，为玉尘，为珠屑，为琉璃丝，为杨白花。既坠矣，又似上升；既疏矣，又似密织。风来摇之，飘散无着；日光照之，五色映丽。或远立而濡其首，或逼视而衣无沾。其故由于落处太高，崖腹中洼，绝无凭籍，不得不随风作幻；又少所抵触，不能助威扬声，较石梁绝不相似。大抵石梁武，龙湫文；石梁喧，龙湫静；石梁急，龙湫缓；石梁冲荡无前，龙湫如往而复：此其

明代陈裸《石梁飞瀑图》

所以异也。初观石梁时，以为瀑状不过尔尔，龙湫可以不到。及至此，而后知耳目所未及者，不可以臆测也。

后半月，过青田之石门洞，疑造物虽巧，不能再作狡狯矣。乃其瀑在石洞中，如巨蚌张口，可吞数百人。受瀑处池宽亩余，深百丈，疑蛟龙欲起，激荡之声，如考钟鼓于瓮内。此又石梁、龙湫所无也。

昔人有言曰："读《易》者如无《诗》，读《诗》者如无《书》，读《诗》《易》《书》者如无《礼记》《春秋》。"余观于浙西之三瀑也信。

袁枚（1716—1797），清代诗人、散文家。字子才，号简斋，晚年自号仓山居士、随园主人、随园老人，汉族，钱塘（今浙江杭州）人，祖籍浙江慈溪。袁枚共写了十几篇游记文，主要收录在他自编的《小仓山房文集》卷二十九中。作者在乾隆四十七年，用月余时间游览了浙江天台山石梁、雁荡山大龙湫、青田石门洞三处瀑布，写下了这篇《浙西三瀑布记》。

我国古代的山水游记一般都是一文写一景，极少有人把几处不同山水景色作有意识的比较描写。作者善于采用相互比较的手法来描摹山水景观，通过对比，别开生面地展现了三处瀑布的奇异景色，写出了瀑布的形态之异，是这一经典之作的一大亮点。作者紧紧抓住三处瀑布形态上的特点，多侧面地加以描写。天台山石梁瀑布具有雄武之气，如"万马结队，穿梁狂奔"，各处汇聚于此的水，从两丈宽的石梁洞中通过，如同打开栅栏门的马群争先恐后夺门而出，形象地表现石梁瀑布"蓄之既久，其发必速"的壮观气势。雁荡山大龙湫瀑布却是恬静温柔的。远看如一匹练从天下，恰无声响，洁白、柔美、飘逸、恬静。多侧面地展现大龙湫瀑布的不同姿质。用"为烟、为雾"描绘其水气轻柔慢慢扩散的情状；用"为轻绡"突出其温柔朦胧的感觉；用"为玉尘、为珠屑"，形容其飞沫似水珠的滑腻晶莹的颜色；用"琉璃丝"，表现水珠的激射状；用"杨白花"既形容其色，又表现其质地的轻柔。写青田石门洞瀑布虽寥寥几笔，着墨不多，但却在与石梁瀑布和龙湫瀑布的比较中点化了它奇巧的形态，仍能给人以明晰的印象："如巨蚌张口，可吞数百人"，足见其形态之奇；"受瀑处池宽亩余"，足见池的面积之广；"疑蛟龙欲起"，足见池中水势汹涌翻腾之状；"声如考钟鼓于瓮内"，足见其声沉闷回响之奇。作者用富有变化的语言，从不同侧面穷形尽态地描写了三处瀑布，表现了大自然的鬼斧神工，使人产生身临其境、目睹其景的感觉，具有强烈的艺术感染力量，显示出袁枚敏锐的艺术洞察力、捕捉力和塑造山水自然之美的艺术功力。

第四章 文海辞源——水与文字

众所周知，汉字属于象形文字，具有很强的表意功能。比如"水"字，一期甲骨文有两种写法，四期甲骨有两种写法，金文和篆文又有两种写法。这六种字形从古到今变化不大，均为中间一条连贯婉转线条像水流之形，左右两旁之点像水滴。由此可以断定"水"字的本义是指一条弯曲而水花四溅的水流，特指河流，或为江、河、湖、泊、海、洋、泉、溪的通称。《说文·水部》："水，准也。""准"即平，水为趋平之物，故以"准"作为"水"的突出特征。

甲骨文的"水"字

《金文编》中的"水"字

《说文解字》中的"水"字

《六书通》中的"水"字

古代中国以五行解释世界,五行即"金""木""水""火""土",说明古人深刻认识到水对于人类乃至整个世界的重要性。地球上先有水,后有生命和人,人类的生存与发展时刻离不开水,水是人类生存的首要条件。上天普降甘霖,万物就会欣欣向荣;如果遇上旱灾,则会草枯禾干,颗粒无收。

从哲学的角度领悟"水",能使我们明白为人处事之道;从中医的角度了解水,能让我们养生防病;从汉字的角度认识"水",能加深我们对水文化的理解。这就是"水"给我们的智慧启迪。下面我们就选取"江、河、湖、泊、海、洋、浪、涛、雨、雪、冰、雾、露、霜"等与"水"密切相关的文字,来赏析文字世界里的"水",探究古人造字时的巧妙构思和良苦用心,发掘与水字有关的汉字的文化特征和水文化意蕴。

江流天地,水色有无——"江"字解

《金文编》中的"江"字

《说文解字》中的"江"字

《六书通》中的"江"字

"江",在《六书通》中属形声字,从水,工声。东汉文字学家许慎在《说文解字》中说:"江,水。出蜀湔氐徼外崏山,入海。从水工声。""江"的本义是水名,是长江的专称。张舜徽《说文解字约注》解释说:"江源出青海省西南境巴颜喀喇山,流经西藏、云南、四川、湖北、湖南、江西、安徽、江苏、上海,出吴淞口入海。江本此水专名,因引申为凡水之通称。""江",古音工,"工"之表意为"工"像水道纵横。"工"也为工程、工作。"水""工"为"江",说明"江"是一种需要进行人工治理的水流。事实上,中国古人一直在对包括长江在内的众多江河进行一系列的人工治理,对水流的方向、大小、宽窄等进行改造,使之为人类造福。"工"还指人手拿着的器物、工具,由工具引申为使用工具的人,由人使用工具会意为水能做工。水千年万载,做工不止,可以凿透山岭,穿出干道,奔腾直下,形成"江"。

"江",在中国古代文献典籍中专指长江。"长江"是中国的第一长河,是中华民族的发祥地之一,故中国南方的河流,多以"江"称谓,例如珠江、沅江、瓯江、钱塘江等。以"江"字打头的词语或典故,其涵义多半与长江有关。"江表"指长江以南地区,从中原看,地处长江之外。"外"即为"表"。"江东",古时指长江下游芜湖、南京以下的南岸地区,也泛指长江下游地区。古时在地理上以东为左,故江东也叫江左。"江左夷吾"指江东的管仲,用以称赞人深谋远虑,具有辅左高才。"江汉朝宗"指江河奔流入海,也比喻大势所趋,人心所向。"江汉"指长江和汉水;"朝宗"指诸侯朝见天子,借喻百川入海。"过江之鲫"比喻某种时兴的事物非常多。"江海志"指志在江海不肯做官的隐士。《庄子·刻意》:"就薮泽,处闲旷,钓鱼闲处,无为而已矣。此江海之士,避世之人,闲暇者之所好也。"

"江"字与"河"字经常连用。"江河日下",喻景象日衰如江河之水,日趋下流。

谁谓河广，一苇杭之——"河"字解

"河"字，马如森的《殷墟甲骨文实用字典》说："从水、从丂，丂，标声"。先说"从水"。"氵"，同"水"，用作偏旁，俗称"三点水"。"水"字，古代读音为书微切，现代读音为shuǐ。

《甲骨文编》中的"河"字

《金文编》中的"河"字

《说文解字》中的"河"字

《六书通》中的"河"字

古人对水流视其大小、长短、远近不同而给予不同的称谓。北魏郦道元《水经注·河水》说："水有大小，有远近。水出山而流入海者，命曰经水；引它水入于大水及海者，命曰枝水；出于地沟流于大水及海者，命曰川水。"例如，湘水即是经水，汉水即是枝水，沔水即是川水。诸水流于其中谓之大川，大川之总称即为江。《说文解字》说："水，准也。

北方之形，像众水并流，中有微阳之气也。"《金水诂林》卷十一第6286页载高鸿缙对这句话的解释为："准也，为音训。北方之行，乃战国以后五行学说之遗。东汉纬学家宗之，非文字构造之朔也。"《说文解字》中把水解释为"众水并流"，与郦道元的解释具有异曲同工之妙。可见水即指水流，水流即为河流。

再说"从丂"。"丂"字，古音为苦浩切，今音为kě、kǎo。丂在河字中，既标声，又表意。丂，又是柯（kē）的初文，是斧柄的象形字，代表古人开山治水的工具。

参照"河"字甲骨文的四种字形，结合丂字甲骨文、金文、小篆的七种字形，可以认定，"河"字右边原本是丂，而不是"可"，字形中没有一个"口"字。那么，河字中为何又出现一个口字呢？李考定《甲骨文字集释》说："丂为何之初字，象枝柯之形，增口作可，乃求字体整齐。"

再考察一个"可"字。"可"字，林义光编辑的《常用古文字字典》说："当为诃之古文，大言而怒也。是为本义。"那么，可字在河字中起什么作用？一是表音，表示河字的读音。河可古为一音之转。二者表意，表示河水的流向。水的流动是有规律的。萧启宏在《汉字通易经》一书中说："水冲击出可去的小道从而形成河。"

随着汉字的演变，"水"与"可"两个象形字组合成"河"字。

今体"河"从水，从"可"。"水"是无色无味透明的液体；"可"表示可以、能够。"河"从"水"从"可"，表示可以流动的水才称之为"河"。"河"的字形表明，生活在水边的人们依赖着水资源养育着他们，使他们在辛勤劳作之余有水喝、有饭吃。"河"是指像母亲一样养育人们，伴随着人类文明不断进步与发展的水流。

"河"字，在古代还另有所指。最早的甲骨卜辞中有"王泛舟河"，这"河"指的是殷商民族的母亲河——洹河，也就是现在的安阳河。史书上记载的盘庚渡河迁殷实际上就是渡洹河，后来周朝灭商并不断地扩充版图，由此黄河才取代了洹河的地位，成为"河"字的专指。

《说文解字》说："水出燉（敦）煌塞外昆仑山，发源注海。"周朝之后人们把黄河专称为大河。大河源头出自青海省巴颜喀拉山脉各姿各雅山麓，向东流经四川、甘肃、宁夏、内蒙古、陕西、山西、河南等省，在山东北部入渤海。河水本为白色，后变黄色。《尔雅·释水》说："河出昆仑虚，色白。"张舜徽《约注》："徒以上游穿行黄土高原，挟泥沙以至平原，故水性重浊，终年浑黄，因又名曰黄河。河，本此水专名，后引申为凡水之通称。"从古到今，黄河灾害时有发生，治黄成了国家、民族的一件大事。研究"河"文化，或许会使人们得出一个重要结论：治理黄河，兴修水利，是千载不变的水务国事。

水光潋滟，山色空蒙——"湖"字解

"湖"字，在六书中属形声字，从水，胡声。《说文解字》："湖，大陂也。从水，胡声，扬州浸有五湖。""陂"谓水边或池塘。湖，即被陆地包围着的大面积积水，称为湖泊。"五湖"，见《周礼·夏官·职方氏》："其川三江，其浸五湖。""三江"即三条江，"五湖"即五个湖，但所指者何。历来说法不一。"三江"，有人认为是指我国东南部的吴江、钱塘、浦阳，或曰岷江、松江、浙江，或曰中江、北江、南江。"五湖"，有人认为是指以太湖为中心的周围一带湖泊。有人说五湖是各地有代表性的各大湖泊之总汇，于是"五湖"成了天下湖泊的统称。成语"三江五湖"即泛指一切江河湖泊。

《金文编》中的"湖"字

《说文解字》中的"湖"字

《六书通》中的"湖"字

"三江五湖"在民间又简称为"江湖"。"跑江湖",跑遍了江海湖泊,跑遍了全国各地。人们把这些游荡四方、居无定所之人叫做"跑江湖的",或者说是"江湖中人"。唐代诗人杜牧《遣怀》:"落魄江湖载酒行,楚腰纤细掌中轻。""跑江湖",生动描绘出人们跋涉旅途的奔波之状,也表现了这些人醉心四方的随性恣意。"闯荡江湖",指奔走四方,到处谋生。"身在江湖,心存魏阙",指辞职解除官职的人,仍惦记着朝廷的事。后常用此讽刺贪恋功名利禄之人。"相忘江湖",指鱼在江湖里各自游动、彼此相忘,比喻人们彼此各有所事,日久相忘。"江湖"之远,因其与人类社会相隔甚远,所以古人也常把隐士居住之所称为"江湖"。宋代范仲淹《岳阳楼记》:"居庙堂之高则忧其民;处江湖之远则忧其君。"意思是说在朝为官则心忧百姓,出世隐退则心念君王。唐代唐温如《绝句》:"半篷为帆扁舟轻,五湖四海任遨游。""五湖四海"与"三江五湖"一样代表全国各地,代表世界各地。

"湖"也是古州名、古县名、古水名。隋朝仁寿二年置湖州,治所在今浙江省吴兴县。清顾祖禹《读史方舆纪要·河南三·陕州》:"汉置湖县,属京兆尹,武帝更名湖县。"湖水在河南省灵宝县,发源于夸父山,北流入黄河。《水经注·河水四》:"湖水出桃林,塞之夸父山……又北经湖县东,又北流入于河。"杨守敬疏:"《括地志》:'湖水出湖城县南三十五里夸父山。'"今水出阌乡县西南蒙山谷中。"湖广",指湖南、湖北,两广指广东、广西。该地盛产大米等粮食作物,故古谚云:"湖广熟,天下足。"两湖、两广如能丰收,天下人就能吃饱喝足了。

淡泊明志,宁静致远——"泊"字解

"泊"字,在六书中属象形字。一说属形声字,从水,白声。

"水"指江河湖泊井泉等水域。"白",是"黑白分明"的"白"字,本义为"白色"。为什么这个字表示白色?这里着重说一下。

"白"的甲骨文字形,上面的三角形表示火苗燃烧的形象,外面上尖下圆的圆圈则是光环。金文则把圈内的火苗简化为一小横。小篆又把一小横中间朝上冒个尖,表示火

描上升的样子。从"白"字的形体演变情况看,确属象形字,像火苗向上燃烧之形。由燃烧表示光亮、明亮、白亮,故"白"字本义为"白色"。"氵"与"白"为"泊",泊者,白色之水也。见《集韵·铎韵》:"泊,水白貌。"对于"白"字的甲骨文字形还有两说:一说像大米的颜色,一说像植物将发芽的种子的颜色。两说俱通。

甲骨文"泊"字

金文大篆"泊"字

《六书通》中的"泊"字

"水""白"为"泊",是停船靠岸、停留、栖止之义。船为什么要在白色水域停泊呢?大凡舵手、船员都有一个常识:海上水深之处呈深蓝,水浅之处变白色。泊船之处,大都选择在海湾或海边水浅之处,这样才能保证船只安全。《说文·水部》:"泊,浅水也。""泊"可表示浅水貌,水浅即显现水面白色之状。

《玉篇·水部》:"泊,止舟也"。很多古代文人常以"泊船"入诗。《元稹酬乐天对泊夜读微之诗》:"知君暗泊西江岸,读我闲诗欲到明。"陆游《夜泊水村》:"记取江湖泊船处，卧闻新雁落寒汀。"孟浩然《晚泊浔阳望香炉峰》："泊舟浔阳郭，始见香炉峰。"王安石有一首诗，题目为《泊船瓜州》。还有李白《夜泊牛渚怀古》中的"泊"字。这里的"泊"字，都是停船靠岸的意思。下面的"泊"字也都有暂息停留之意：宋代苏舜钦《淮中晚泊犊头》："晚泊孤舟古祠下，满川风雨看潮生。"孙逖《夜宿浙江》："扁舟夜入江潭泊，露自风高气萧索。"

"泊"由水白之貌，产生"淡泊"一词，即恬静无为，又由之引申出安静之意。"非淡泊无以明志，非宁静无以致远。"这是诸葛亮《出师表》中的名句，意思是不追求名利才能志趣高洁。成语"淡泊明志"即由此而来。"水"，是大自然的产物，清澈透明，不掺杂质；"白"，有清白、纯洁之意，代表清明贤正。二者合而为"泊"，表示水般清澈、自然宁静、清清白白、心地安然，显示出清白、无争、平淡、高雅的生活态度。因此，人们喜欢用"淡泊"一词形容恬淡寡欲之人。

海纳百川，有容乃大——"海"字解

"海"，在六书中属形声字，从水，每声。海、每，古为一音之转。一说为会意字。

《金文编》中的"海"字

《说文解字》中的"海"字

《六书通》中的"海"字

《说文解字·水部》:"海,天池也,以纳百川者。""水""每"为"海"。"氵",为江河水溪;"每",表示特定范围内的任何一个、一组或总体。"海",由江河水溪中的每一滴水汇聚而成,是每一滴水的归宿,故海者,江河水溪汇集之终点也。海,本指承受大陆江河水流的最大水域,后指临近大陆而小于洋的水域。或者说,海是大洋靠近大陆的边缘部分。

"海"的本义为大海、海洋。"海纳百川",意为大地上的江河溪流最终要汇入大海,正如子女投向母亲的怀抱一样。古人云"海纳百川,有容乃大",意思是海是巨大的水域,胸中有极大的容量。

地球上的水循环,始于海而终于海。海水在太阳的照射下,日夜不停地蒸发而形成云气。云气被风吹向内陆,遇冷而形成冰、霜、雨、雪。冰霜雨雪汇流而形成河流、溪水、湖泊,最后在地球自转的向心力作用下,注入大海,完成一个周期的循环。"海"的博大浩渺、广阔无际可见于此。故人们常把大片相连的人或事物以"海"来称谓,如学海、曲海、人海、烟海、林海、云海、火海、麦海等。把大的器皿形容为海,如"海碗",把大酒量的人称为"海量"。

古人认为天圆地方,大地就像一方巨大的棋盘,由一巨龟驮着在大海上邀游,故大地的四周皆是一望无际的海洋。"沧海"指大海。"沧海横流",指海水四处奔流,比喻政治混乱,社会动荡。"沧海一粟",指大海里的一粒谷子,比喻非常渺小。"七海",佛语,指七金山内侧的海水,无咸味,清澈宜饮,对世人功德无量。《法集名数经》中七海就是指乳海、酪海、酒海、酥海、盐水海、蜜水海、吉祥草海。

"海",引申指边远蛮荒地带。中原王朝将居住在东方的少数民族称为"夷",将南方的称为"蛮",西方的称为"戎",北方的称为"狄"。古代称"蛮夷"者,其实皆是四方民众。"海夷"指边境少数民族或来自海外的外国人。"海内",源自汉高祖的《大风歌》:"大风起兮云飞扬,威加海内兮归故乡,安得猛士兮守四方。"这里的"海内"指其统治下的广阔疆域。"海"指边远地区,例"海外",即指异国他乡。唐代李德裕《草木记》:"凡花木名海者,皆从海外来,如海棠之类是也。"

中国是沿海国家,海域非常辽阔,由北到南有渤海、黄海、东海、南海。浩瀚无际的大海赋予了人们无穷想象的天地,又给人们带来丰富的生活情趣,从而产生了许多与海有关的故事和词语,例如《山海经》中"精卫填海"的故事,《神仙传》中"沧海桑田"的故事,以及"翻江倒海""排山倒海""移山倒海""五湖四海""天涯海角""海晏河清""海底捞针""海枯石烂""海外奇谈"等成语,构成了历史悠久、丰富厚重的海洋文化。

汪洋恣肆,变化无端——"洋"字解

"海"是大洋靠近大陆的边缘部分,海以外更大的水域称为"洋"。海洋总面积约三亿六千二百五十万平方公里,约占地球表面面积的71%,体积约为十三亿七千万立方公里。

甲骨文"洋"字

金文"洋"字

《说文解字》中的"洋"字

《六书通》中的"洋"字

"洋",在六书中属形声字,从水,羊声。"洋"从水,表明与水有关。《玉篇·水部》:"洋,水。""洋"的本意为水名,又名西乡河,在陕西省南部,源出西乡县星子山,北流与木马河会于西乡县东,东北流向,注于汉水。"洋"作水名时,指今山东省的弥河,还为古州名,即今陕西省洋县。"羊"字除表示"洋"的读音外,还有表意作用,故作者认为,"洋"字属形声兼会意。"羊"字的甲骨文字形,很像一只羊头,两只羊角向下弯曲。羊在古代是一种吉祥的家畜,在祭祀的时候,羊肉和羊血是拜献祖先和神灵的祭物。所以,从古到今羊代表着善良和美好,且性情温顺,食草,群居。"水""羊"为"洋",指水如羊群,遍布草原,无边无际,水域极广。后来,人们就以"洋"字指广阔的水域;今指地球表面被水覆盖的广大水域,约占地球面积的70%,分为四个部分:即太平洋、大西洋、印度洋、北冰洋。明代吴承恩《西游记》第一回写道:"弟子漂洋过海,登界游方,有十数个年头,方才寻到此方。"这里的"洋"即指广大的水域。由此,人们又把"洋"字引申为盛多、广大之义。《诗经·卫风·硕人》:"河水洋洋,北流活活。"其中"洋洋"就是盛多、广大之义。"洋洋大观"一词就是形容事物复杂繁盛,丰富多彩。"洋洋美德"一词,形容美德之盛大。"洋洋盈耳",指洪亮而优美的声音充满双耳,形容讲话、读书的声音悦耳动听。"汪洋恣肆",形容文章、言论、书法等气势豪放,潇洒飘逸,开合自如。

古代的河流都是很宽广的,水在宽广的河里流动是舒缓的,于是"洋"字又引申为宽舒自得的意思。"洋洋自得",形容神气十足,非常得意。"洋洋洒洒",形容文章或谈论长而流畅。

"洋",还用来指外国的、外来的,尤其指西方国家。"洋化"指思想意识受外国影响很深,在生活习惯方面模仿外国。"崇洋媚外",是崇拜西方的一切、谄媚外国人,指丧失民族自尊心,一味巴结奉承外国人。"洋钱",是指清代从外国流入的银铸币。西方殖民主义侵入东方,用银币来换购中国的丝、茶和其他土特产。在流入中国多达数十种的外国银币中,西班牙本洋和墨西哥鹰洋数量最大、流通最广,一度成为中国市场上重要的流通货币。"洋为中用"是清末先进民族思想家提出的口号,指吸收借鉴外国有用的东西,为中国利用。清政府部分官员主张向西方学习,形成了"洋务派",是清末买办文化的封建官僚统治集团。

不临深溪,不知地厚——"溪"字解

"溪"在六书中属形声字,从水,奚声。

"溪"的本字为"谿"。"谿",从奚,从谷。"奚"表疑问;"谷"为山谷。"奚""谷"为"谿",本义为两山之间的水道。什么水道?不知其名,存有疑问。

金文大篆"溪"字

《说文解字》中的"溪"字

《六书通》中的"溪"字

今体"溪",从水,从奚,奚亦表声。从水,表示与水有关,水是无色无味无臭透明的液体,是江河湖海的总称。水在山涧,凭空流出,不见其源头,不知其流向,故使

人对溪涧之水产生疑问。从奚，既表声，又表意。奚，既表示"溪"字的读音，又以形表意。"奚"字的甲骨文字形是手拿绳索牵着一个成年人，故其本意是指古代被役使的奴隶。但"子奚不为政"的意思是"您为什么不从政呢？"在"溪"字中"奚"着重作疑问代词"何"用，对水的源头和流向产生疑问。

那么"溪"流向何方？这里略加诠释。

山涧之溪，多有滴水汇成，聚流成河，河汇成海。溪，向往着大海，追求着大海，始终有融入大海的信念和期盼。这使溪不折不挠地向前跳跃着，奔腾着。少数溪也许会在奔向大海的途中变云化雾，但大多数溪，汇成江河湖泊之后，最终会汇入大海。人生亦如溪流，不仅要绕过沙漠，更要去滋润沙漠；不仅要穿过荒野，更要去滋润荒野。杜甫《玉华宫》："溪回松风长，仓鼠窜古瓦。"写出"溪"的迂回柔婉。陶渊明《桃花源记》："缘溪行，忘路之远近。"是溪，把陶渊明引入桃花源。

"溪"从古至今被认为超凡脱俗，是清澈与纯净的象征，并因其散发着灵动的光辉而成为大自然的精灵。因此，有许多品质高尚之人常常自喻为"溪流"。

清泉细流，云水自闲——"泉"字解

"泉"字，在六书中属会意字，从白，从水。"泉"甲骨文字形，上为地穴、缝穴或泉眼之状，下为水，表示水从穴缝中涌流而出，故其本意为从地下流出的水。由此，一说为象形字。《说文·水部》："泉，水原也。"小篆隶变时期，上部演变为"白"字。"白"字本义为白色；从"水"，表示与水流有关。从地下冒出的水，其顶端水花飞溅，白光闪闪，即所谓的"泉"。"白"有清白、纯洁之义。"白""水"为"泉"。泉者，清清白白之水也。泉，来自天然，源于大自然。古诗的"明月松间照，清泉石上流"，写出了泉水从青石板上涓涓流出的生动情景。

甲骨文"泉"字

金文"泉"字

《说文解字》中的"泉"字

《六书通》中的"泉"字

水为生命之源,世间万物之生存都离不开水的滋养。"泉"在古代也是一种钱币的称呼,名曰"泉布"。泉,从水,意味钱财如水,说明钱财是流动之物,显示"泉"的价值。

《宋史·苏轼传》:"地泉咸苦,居民稀少。"泉水在古代是重要的饮用水,若饮之又苦又涩,这一带的居民必然稀少,社会也就不会繁荣昌盛。北宋欧阳修《醉翁亭记》:"酿泉为酒,泉香而酒洌。"有好的泉水才能酿出好的酒来。"出山泉水"旧指做了官的人,就没有不做官时那么清白了。"出山"就是出来做官的意思。唐代杜甫《佳人》:"在山泉水清,出山泉水浊。"流出山泉的水就会混浊起来。《孟子·尽心上》:"掘井九轫而及泉,犹为弃井也。""九轫",比喻挖井挖得过深,如此挖井,就等于把井给废弃了,以后还怎么吃水呢?"不饮盗泉",是说不喝从别人家的井里盗来的水,比喻为人清白纯洁。"廉泉让水"是说廉洁之人,把自己的泉水让给别人喝,比喻为官清正友善,也比喻世风淳美。"饮泉清节",典出唐代房玄龄《晋书·良吏传·吴隐之》,指廉政清白的节操。"寒泉之思"，指子女对母亲的思念之情。"寒泉"，指清凉的泉水或井水。《诗经·邶风·凯风》："爰有寒泉，在浚之下。有子七人，母氏劳苦。"潘岳《寡妇赋》："揽寒泉之遗叹兮，咏蓼莪之遗音。"

济南是我国有名的"泉城"。济南的泉水从春秋时期就有记载。济南的地势南北高、中间低，其地质是花岗岩层，不易吸收水分，使这里的地下水特别充足，故有"家家泉水，户户垂柳"之美誉。在济南七十二名泉中，最负盛名的是趵突泉。作者每次到济南观趵突泉美景，都陶醉其间，流连忘返。

"泉"字也有贬义之用。因泉从地下涌出，古人便把黄泉、九泉作为阴间的别称。《左传》中"郑伯克段于鄢"，讲到郑庄公怀恨其母，誓言与母亲"不及黄泉，无相见也。"意思是说不到死就不与母亲相见。后因受颍考叔的感化，挖掘隧道算作黄泉，母子终于相见。再如成语"抱恨黄泉""穷泉朽壤""含笑九泉"中的"黄泉""穷泉""九泉"，都是指的人死后埋葬的地方。

风起浪涌，跌宕生姿——"浪"字解

《说文解字》中的"浪"字

《六书通》中的"浪"字

"浪"，在六书中属形声字，从水，良声。从水，表明与水有关。"良声"，既表示"浪"的读音，又兼有表意作用。"良"字的甲骨文是一个象形字，源自半地穴式居室屋顶上的透光通气孔洞。唐汉先生在《图说汉字》一书中说："'良'与'亮'同一音系,乃是一个物象指代音。""浪""狼""郎",古代均为一音之转。在表意方面,"良"指美好、良好、优良,又有大的意思。吴苏仪编著的《画说汉字》一书中,对"良"字的解释则是另一种意思:"'良'是个象形字,本义是香味。甲骨文的良,下方是个'豆',代表饮食使用的器具,上方的两条折线,代表煮熟的食物散发出的香气。金文的'良',字形与甲骨文相近。'良'也指美好的事物。现在,这一意义仍然沿用,如人们用的'良莠不齐'、'良辰美景'等。此外,'良'也有'很'之义,如'良久'、'用心良苦'等。"作者在本文中对"良"字取美好、良好之意。"水"。"良"为"浪",表明水势浩大,经过风吹、石激,形成浪花、波浪。《玉篇·水部》:"浪,波浪也。"

"浪",本为水名,《说文》:"浪,沧浪水也。"沧浪水在汉水的中下游。"浪"后由水名借用来形容水流涌动貌。

"浪"指水激起的美丽浪花。苏东坡《念奴娇·赤壁怀古》:"乱石穿空,惊涛拍岸,卷起千堆雪。""千堆雪",就是比喻浪花。"波"是水自身涌动而形成的皱褶水面;"浪"是水因风吹、石激而形成的大波翻滚。"波"与"浪",现代常常连用,指江湖海洋上起伏不平的水面。

"浪"作动词意为水波涌起。"浪"的动态是此起彼伏,一浪盖过一浪。《正字通·水部》:"水激石遇风则浪。""麦浪"是指大片麦田经风吹拂,此起彼伏的形态;"声浪""热浪"形容声音或气流一阵高过一阵的情形。

惊涛万里,水合无痕——"涛"字解

"涛",繁体为"濤"。《宋元以来俗字谱》载:"濤",《通俗小说》《东牕记》《目莲记》均作"涛"。可见"涛"字,既是宋元以来已有的俗字,又是当今"濤"的简化字。"涛",在六书中属形声字,从水,寿声。

《甲骨文编》中的"涛"字

《说文解字》中的"涛"字

《六书通》中的"涛"字

"涛",从水,表示与水有关;寿,既表声,又表意。"寿"为长寿,引申为大,时间长久。"水""寿"为"涛",意为时间长的、大的水流。《说文·水部》:"涛,大波也。"郭璞《江赋》:"激逸势以前驱,乃鼓怒而作涛。"苏东坡《念奴娇·赤壁怀古》:"乱石穿空,惊涛拍岸,卷起千堆雪。"因此,"涛"的本义就是大的波浪,谓之"波涛"。波涛涌动向前冲击时,拍打着岩石或岸边会发出声响。波涛越大,声响越大,所以人们把"涛"又叫做"涛声",泛指像波涛一样的声音。王世贞《沸水岩》诗:"风岩昼激诸天雨,阴壑寒生万树涛。"意思是说大片树林随风而起的声音就像波涛汹涌向前拍打岸边发出的声音一样,震天动地,响彻山谷。"涛濑",谓波涛急流。"涛澜",指波涛巨浪。"涛水",是说波涛大水。杨雄《羽猎赋》:"焕若天星之罗,浩如涛水之波。"成语"惊涛骇浪"是指汹涌澎湃、令人惊骇的浪涛,用以比喻险恶的环境或尖锐激烈的斗争。

古人喜欢听涛观海,既是因为波涛汹涌的景象让人感到大自然的壮阔和雄伟,也是因为惊涛骇浪中蕴涵着丰富的人生哲理。历代贤哲有海一样的博大胸怀,他们用大海一样的胸襟包容世间百态,用波涛一样的气势对待艰难险阻。近期世人观钱塘大潮的宏大场景，不能不使我们产生同样的感悟。

雨润万物，欣欣向荣——"雨"字解

"雨"，在六书中属象形字。

"雨"的甲骨文像雨点自天而降之形：上像云层，下像雨点滴落，故"雨"的本义为雨水。

甲骨文的"雨"字（一）

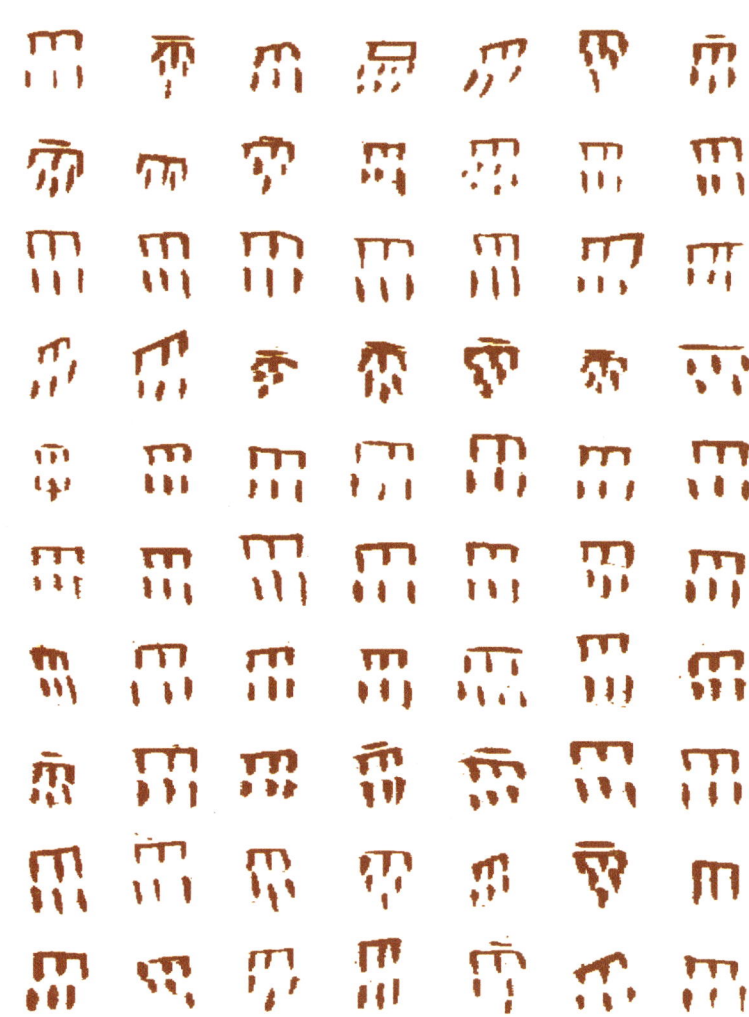

甲骨文的"雨"字(二)

甲骨文的"雨"字（三）

《金文编》中的"雨"字

《说文解字》中的"雨"字

《六书通》中的"雨"字

现在的雨字,由"丁"、"冂"、四个"、"组成。"丁",为古文"下"字,强调其下落之势;"冂",表示范围,雨具有范围性、时间性、水量性;雨字中的四个"、",表示雨滴之形。

雨可滋润万物。春季,农民把谷物播种到田里,正需要雨水的滋润,这时候雨比什么都可贵,俗语云"春雨贵似油"。施耐庵《水浒传》中的宋江被称为"及时雨",是因为他在关键时刻能解救别人的危难。

雨的下落有时是密集的、纷纷的、倾盆的,于是人们也将一些事物的下落比作雨落,为"泪如雨下"。"雨矢"指箭矢像雨一样落下。"雨注"指像雨水一样下泻,比喻密集。

云、雨并用,常喻男女之爱。宋玉《高唐赋》:"妾在巫山之阳,高立之阻,旦为朝云,暮为行雨。""楚天云雨"指巫山神女,或男欢女爱。"拨雨撩云"指挑逗、试探对方的情意,泛指调情。"云期雨信"指男女约定幽会的日期。

风、雨并用,常喻形式变化。唐代刘禹锡《郡内书情献裴度侍中留守》:"万乘旌旗分一半,八方风雨会中州。""八方风雨",指当时四面八方风雨聚会,比喻形势骤然变化。

雨、露并用,常喻恩泽之意。刘禹锡《苏州谢上袁》:"虽雨露之恩,幽遐必被。"

意思是雨露滋润之恩，日后必将报答。再如李白《书情》诗："愧无横草劲，虚负雨露恩。"这里的"雨露"，是表示恩情的意思。

雨字作雨水讲是名词，又可以引申为动词"下"。不过，当动词"下"用的时候，这个雨字就不能读 yǔ（宇），而只能读 yù（育）。如《淮南子·本经训》："昔者仓颉作书，而天雨粟，鬼夜哭。"意思是说：古代当仓颉造字的时候，天上像下雨一样的落下小米，晚上还有鬼在哭。

瑞雪丰年，梨花千树——"雪"字解

"雪"字，上部为"雨"字，其下为雪片状。一说"雪"字由"雨"字和"羽"字组成，以羽毛来形容雪的形状，就像今天所说的"鹅毛大雪"。作者以为，"雪"字为会意字，从雨，从彐。

"雨"为一种自然降水现象；"彐"为横倒的"山"字。雨水落于山上，山巅空气稀薄，气温低，雨水会凝结成晶体状物质，覆盖山顶，即为"雪"。"雨""彐"合而为"雪"，所会意成的正是这种自然现象。

《甲骨文编》中的"雪"字

《说文解字》中的"雪"字

《六书通》中的"雪"字

许慎《说文解字》:"雪,凝雨说(悦)物者。"古人对雪的解释,既科学,又生动有趣。首先说雪的本质由来,是凝结了的水;其次说雪的功能,是使万物欢娱的东西。古人对雪花的形状,也早有记载。西汉韩婴《韩诗外传》说:"凡草木花多五出,雪花独六出。"说明古人早已注意到雪花是六角形。

俗语说"瑞雪兆丰年",毛泽东也有诗:"梅花欢喜漫天雪"。雪花纷飞,确实使万物欢悦。雪,从古至今一直是诗人歌咏的对象。晋代名士谢安,曾在大雪时与子侄辈会聚,问:"白雪飘飘何所似?"侄儿谢朗答道:"撒盐空中差可拟。"侄女谢道韫说:"未若柳絮因风起。"谢安乐得大笑起来,高兴至极。谢道韫以柔软轻飘的柳絮比雪花,确实比用硬而如砂的盐粒比雪花要高出一筹。"道韫咏雪",一直传为古坛佳话。

唐代宋之问《苑中遇雪应制》:"不知庭霰今朝落,疑似林花昨夜开。"比喻生动、贴切,充满情趣。唐代诗人岑参《白雪歌送武判官归京》:"忽如一夜春风来,千树万树梨花开。"这里把"白雪"比喻为"梨花",成为流传千古而不衰的佳句。宋代张元《雪》:"战退玉龙三百万,败鳞残甲满天飞。"这里的"玉龙"形容飞雪,"败鳞残甲"形容雪片乱舞,如鳞甲片片,纷纷坠落。元代黄庚《雪》:"江山不夜月千里,天地无私玉万家。"这里描绘出了月照千里、雪落万家的美丽图景。李白《北风行》:"燕山雪花大如席,纷纷吹落轩辕台。"轩辕台相传为黄帝擒蚩尤之处。

雪容易融化。"烘炉点雪",意思是大火炉里放进一点雪,马上就会融化,比喻对问题领会极快。宋朝王质《雪山集》："余夜宿金山之方丈，不得寐，信手而抽几案文书，得此阅之，至炉火点雪，恍然非平时之境。""鸿爪雪泥"，比喻往事留下的痕迹。苏轼《和子由渑池怀旧》："人生到处知何似，应似飞虹踏雪泥，雪上偶然留爪印。"下雪的时候天气寒冷，"雪中送炭"，授人以暖，在人急需之时予以物质或精神资助比什么都好。"傲雪凌霜"，形容不畏雪霜严寒，外界条件越艰苦越有精神。

雪色纯白，故常用雪喻指白色。"雪肤花容"，形容女子貌美。"雪肤"，指皮肤白皙如雪；"花容"，指容颜美丽如花。唐代白居易《长恨歌》："中有一人字太真，雪肤花貌参差是。"李白《将进酒》："君不见高堂明镜悲白发，朝如青丝暮成雪。"这是用夸张的手法表现愁苦对人身心的摧残。宋代卢梅坡《雪梅》："梅需逊雪三分白，雪却输梅一段香。"梅花没有雪那样白，但雪却没有梅花那样香。白雪常喻文雅之事物和情感。"郢中白雪"，指文雅之事物或诗文。典出战国时代楚国宋玉《答楚王问》："客有歌于郢中者，其始曰《下里巴人》，国中属而和者数千人；其为《阳阿》《露》，国中属而和者数百人；其为《阳春白雪》，国中属而和者不过数十人，是其曲弥高，其和弥寡。"

雾失楼台，月迷津渡——"雾"字解

"雾"字，古今形体、字义变化甚大。

现今的"雾"字，繁体为"霧"，在六书中属形声字，从雨，雺声。"雺"简化为"务"，故繁体"霧"简化为"雾"，从雨，务声。

甲骨文"雾"字

《说文解字》中的"雾"字

《六书通》中的"雾"字

探其源,"雾"的古文字形是会意字。在甲骨文中,"雾"字和"蒙"字是一个字,其字形完全一样。"雾"的古文字形是包围结构,上边是一个类似方形的轮廓,像一方布巾,下边是一个古文"鸟"字。鸟的头上遮盖一块方巾,眼睛被挡住,眼前雾蒙蒙一片,什么都看不清,不知向哪里飞。对甲骨字形,有学者认为上边是天空有雾覆盖之形,下边是一只眼睛的象形,会意为在大雾弥漫的天气里,人会觉得眼前一片朦胧,好像眼睛被遮住一样,什么景物都难看清。故雾的本义为遮盖。"蒙"字的甲骨形义和上边谈到的"雾"字形义,如出一源,极为类似。

"雾"字,甲骨文下边的鸟(写作"隹",读 zhuī,短尾鸟)到籀文时期,讹变为"矛"。到小篆时期,演变为"从雨,孜声"的形声字。

今体"雾"字,上为"雨",下为"务"。"雨",这里是指从云层降落的小水滴,或称水蒸气,故"雾"字意为雾气,是地面水蒸气遇冷遇尘凝结后飘浮在空气中的小水珠。这种小水珠常常使人视野模糊不清,如迷雾、雾霭;后泛指雾状物,如烟雾、雾剂、喷雾器。

"雾"生于空气中,贴近于地表面,成因与云类似。与"云"的区别是高度,高空中为"云",地表面为"雾",或者说"雾"是地上的云,"云"是天上的雾。人在山下看到山顶的水汽就是云,登到山顶看到山下的水汽就是雾。

"雾"还表示像雾一样的东西。"雾化",指使液体经过器物化成小水滴,成雾状喷射出去。"雾绡"指像雾一样的轻纱。"雾鬟",指女子头发像云雾一样堆卷盘旋,又称"云鬟"。古诗云:"香雾云鬟湿,清晖玉臂寒。"香水的雾气,把女子头上像云雾一样的卷发都打湿了;清冷的余晖,让美女如玉一样洁白柔润的臂膊感到寒意。

玉壶冰心,日月可鉴——"冰"字解

"冰"字,看似简单,但单就汉字分类来说,就相当复杂。

现在的"冰"字,是篆书时期形成的字体,一看就知道它是由水受冷冻凝结成的固体物质。故其本义是水冻结后形成的状态。"冰"字在六书中是会意字。"冰"字的甲骨文是冰块状,金文形体与甲骨文类似,不过字形变得更粗大些,是冬季窗外屋檐下水流凝结成的冰凌,可见冰字原来是个象形字。冰字的本字,表示水遇冷冻结成冰后,体积增大表面凸起,显示出拱形的样子。到小篆时期,"冰"字的字形,变化很大,原有的字形保留下来作声符,右侧增加了一个象形字"水",代表冰是由水遇冷凝固而成。这样"冰"字就变成了形声字。古冰字后来演变为两点水,作为声符仍读 bīng,增加的"水"字作形符表意。"冰"字楷体的形体结构沿袭了小篆的形体结构,一直保持到现在。一个汉字凡以"冫"作偏旁或组成部分时,大都有寒冷之意,如"寒""冬""冷""冻""凌""凛""冽""凉"等字都含有"冫",所以也都有"冰冷"的意思。

《金文编》中的"冰"字

《说文解字》中的"冰"字

值得注意的是，我们在阅读古典诗词时如见到"冰镜"一词，绝对不能理解为"冰做的镜子"，或"冰冷的镜子"。因为在古代"冰镜"是专指"明月"的。例如，孔平仲的《玩月》诗："团团冰镜吐清辉。"就是说圆圆的明月吐清辉。另外，如见到"喜盼冰人来"的句子，绝对不能把"冰人"理解为"冷冰冰的人"，或"冷冰的人"。因为在古代"冰人"是专指"媒人"的（见《晋书》）。

"冰"的纯净、透明也被用来表示人的品行清明、高尚，如"冰清玉洁""冰清玉润""冰心玉壶""冰心一片""冰壶秋月""冰壶玉尺"等等。唐朝诗人王昌龄《芙蓉楼送辛渐》："洛阳亲友如相问，一片冰心在玉壶。"用"冰心"比喻纯洁无瑕、晶莹高洁的内心。又如"冰雪聪明"，比喻人聪明非凡。杜甫《送樊二十三侍御赴汉中判官》诗云："冰雪净聪明，雷霆走精锐。""冰洁玉骨"，过去用来形容女性皮肤光洁如玉，高洁脱俗。"冰壑玉壶"指像冰那样清澈的深山沟里的水，盛在晶莹的玉壶里，形容人节操高尚，品行高洁。杜甫《入奏行赠西山检察窦侍御》："窦侍御，骥之子，凤之雏，年未三十忠义俱，骨鲠绝代无，炯如一段清水出万壑，置在迎风露寒之玉壶。"

金风玉露，人间无数——"露"字解

"露"，在六书中属形声字，从雨，路声。

"露"，从雨，表明"露"的意思与雨水有关。"雨"是从云层中降落到地面的水，靠近地面的水汽夜间遇冷凝结成小水珠，即为"露"。"路声"，既标声，又表意。标声，表明"露"音读为"路"（lù）。表意较为复杂。"路"，从足，各声。"足"的甲骨文是脚的象形，意为脚步、行走。小篆的"各"为各个、每个。"足""各"为"路"，意为很多人在地上行走，便踏出一条"路"。这条"路"，也就成了人间共同的道路。故"路"的本义为路途、途径。"雨""路"为"露"，意为雨走的道路，也就是雨水滋润大地的途径。雨水滋润大地的途径很多，如冰、霜、雪、霖、霈、霰、雯、霄等等，"露"为其中之一。因"露"可以滋润大地，故"露"有滋润、润泽之义。《说文解字》："露，润泽也。从雨，路声。"

金文"露"字

《说文解字》中的"露"字

《六书通》中的"露"字

露闾嚣霏闾闾

《诗经·蒹葭》:"蒹葭苍苍,白露为霜。所谓伊人,在水一方。"这四句诗译为白话即为:芦苇长得多么茂盛啊,白色的露水结成了霜。我心里想念的那个人啊,就在水的那一方。

"露",就是"露水"。温度一般在0℃以上,空气中的水汽因地面或地面物体的表面发散热量而凝结成小水滴,即为露水。《玉篇》曰:"露,天之津液也,所润万物也。"《五经通义》曰:"和气津凝为露也。"蔡邕《月令》曰:"露者阴之液也。"唐代诗人杜甫《月夜忆舍弟》:"露从今夜白,月是故乡明。"鲁迅在《伪自由书·后记》中说:"好像他们的一群倒是吸风饮露,带了自己的家私来给社会服务的志士。"

"露",还指芳冽的酒。宋代陆游《老学庵笔记》卷七曰:"寿皇时,禁中供御酒,名蔷薇露。赐大臣酒,谓之流香酒。"明代宗臣《过采石怀李白》十首之一曰:"为君五斗金茎露,醉杀江南千万山。"又指用花、果、药材等蒸馏成的饮料或在蒸馏水中加入药材、果汁等制成的饮料,也称露。如果子露、金银花露。《红楼梦》第六十回曰:"前日那玫瑰露,姐姐吃了没有?他到底可好些?"

"露"也指化妆品，如稀酒精中加香料制成的花露水。

"露水"因阳光一出，旋即消失，故古人常以"露"形容时光短暂。曹操《短歌行》曰："对酒当歌，人生几何，譬如朝露，去日苦多。"《薤露行》为乐府歌词，"薤露"一词谓人的生命像薤上露一样一晒即干。曹操用古调写时事，开创了以古乐府写新内容的先河。

"露"为"露天，在屋外。"《史记·平準书》曰："太仓之粟陈陈相因，充溢露积于外，至腐败不可食。"

"露"义显露。如"藏头露尾"、"原形毕露"。此处的"露"当为暴露、显露之义，亦为泄露。辽希麟《续一切经音义》卷八引《切韵》曰："露，泄也，败露也。"

"露"，也为羸弱、疲惫。《篇海類編·天文类·雨部》曰："露，羸也。"王引之引王念孙云："露犹疲也，惫也。"

"露"通"辂"，古代的一种大车。《字彙补·雨部》解释："露，与辂同。"《史记·楚世家》曰："筚路蓝缕，以处草莽。"裴骃集解引服虔曰："筚露，柴车素木辂也。"按：《左转·昭公十二年》作"筚路"。

"露"用同"路""大"意。《周书·武帝纪上》曰："（建德）三年正月壬戌，朝群臣于露门。"《资治通鉴·陈武帝永定元年》曰："正月辛丑，周公即天子位，柴燎告天，朝百官于露门。"胡三省注："露门，即古路门。路，大也。"

"露"亦为姓。《广韵·暮韵》解释："露，姓。"《风俗通》云："汉有上党都尉露平。"《国语·鲁语下》云："公父文佰饮南宫敬叔酒，以露睹父为客。"韦昭注："睹父，鲁大夫。"

露，又读lòu，义为显现出来，如露面、露马脚。杜鹏程在《保卫延安》第一章中讲："（战士们）从拂晓趴到太阳露头。"再如露底、露骨、露水、露营、露脸、露馅等词中的"露"都是"显现出"的意思。

蒹葭苍苍，白露为霜——"霜"字解

"霜"，在六书中属形声字，从雨，相声。

许慎《说文解字》解释:"霜,露所凝也。土气津液从地而生,薄以寒气则结为霜。"现代科学认为,靠近地面的空气在温度降到摄氏零度以下时,所含水汽的一部分附着在靠近地面的物体上,凝结而成白色结晶体,这就是"霜"。现代的说法,和古人的说法完全吻合。《玉篇·雨部》也说:"霜,露凝也。"在古代文学作品中,"霜"字较早出现在《诗经·秦风·蒹葭》中:"蒹葭苍苍,白露为霜。"《毛传》云:"白露凝戾为霜,然后岁事成。"《春秋·定公元年》云:"冬十月,陨霜杀菽。"唐朝温庭筠《商山早行》云:"鸡声茅店月,人迹板桥霜。"当代文学亦常以"霜"入文,文学大师鲁迅先生在《呐喊·自序》中说:"冬天的芦根,经霜三年的甘蔗。"

《甲骨文编》是的"霜"字

《说文解字》中的"霜"字

《六书通》中的"霜"字

"霜"从雨,相声。"雨"为雨水、雨露;"相",既标声,又表意。标声,表明"霜"字读音为相。"相""霜",古为一音之转。表意较为复杂。"相"意为相貌、外表,又意

相似，相近。"雨""相"合而为"霜"，表示"霜"因水而成，在状貌和性质上与"雨"有相似之处。"霜"可以转化为雨的形态；"霜"的形成与雨也极相似。"霜"在日出后会因温度升高而融化成水，继而像雨一样蒸发。

"霜"有"霜害"之说。温度降到零下才会形成"霜"，而低温对大多数植物都有害，故云。《说文》："霜，丧也。"这里"丧"即为"霜害"之意。"霜晨"，即寒冷多霜之清晨；"霜露"，即霜露水，二者连用常比喻艰苦环境。

古人以"霜"入诗，意境格外美妙。唐代大诗人杜牧《山行》："停车坐爱枫林晚，霜叶红于二月花。"末句成为千古绝唱。茅盾的长篇小说就用"霜叶红于二月花"作为书名。上文提到的《蒹葭》诗也用"霜"描绘出生动美妙的秋景："蒹葭苍苍，白露为霜。所谓伊人，在水一方。"如果译为白话诗即："河岸芦苇绿苍苍，清晨秋露结成霜。心中想念美姑娘，她在小河那一旁。"宋代范仲淹《渔家傲》："羌管悠悠霜满地，人不寐，将军白发征夫泪。"唐代李商隐《霜月》："青女素娥俱耐冷，月中霜里斗婵娟。"《礼记·月令》："孟秋之月寒蝉鸣，仲秋之月鸿雁来，季秋之月霜始降。"所以"霜月"指深秋的月亮。唐代张若虚《春江花月夜》："空里流霜不觉飞，汀上白沙看不见。""流霜"指空中的飞霜，诗文里通常指白色明亮的月光。南朝梁范云《送别》："不愁寄书难，但愁鬓将霜。"唐代杜甫《古柏行》："霜皮溜雨四十围，黛色参天两千尺。"唐代李白《秋浦歌》："不知明镜里，何处染秋霜。""霜毛"形容洁白的羽毛，比喻白发；"霜衣"形容白鸟的羽毛；"霜须"指须白如霜；"霜操"指高洁的操持；"霜女"指梅花，喻美女之高洁。

"霜"是在寒冷的气温下形成的，固有冷酷、严峻、严厉之意。"冷若冰霜"形容待人极为冷漠，态度严峻，不易接近。"霜典"指严厉的法典；"霜威"指严酷的威势。

第五章 诗中的诗——水与楹联

楹联，俗称对联、对子，是汉字文化的独特产物，源自中国古典诗文中的对句，由骈文和律诗移植而来，是中国所特有的一种独特文学体裁和文学艺术形式。它文字精练、对仗工整、寓意深远，语音平仄协调，不但给人提供地理、历史、文学等方面的知识，还会增强人们的审美意识和对美的探索，在山水文化中起到了提升品位和画龙点睛的作用，启发人们去品味、思考、欣赏。始于五代，盛于明清，迄今已有一千多年的历史，被称为"诗中的诗"。

泱泱华夏，壮丽河山。水楹联，直接刻于崖壁或镌于湖岸的情况极少，佳对名联大多出现点缀在自然山川和人文胜境中的风景名胜（如山崖水畔、园林、寺观、宫廷、邸墅、宅院、祠宇、馆所、书院等等）的楼、台、亭、阁、殿、堂、轩、榭、廊、厅、室等的楹柱、门户、墙壁或摩崖石壁上。多在的门坊殿舍、亭台楼榭，使之与灵山秀水、湖光山色相映生辉，演绎着无穷无尽的艺术魅力。

雄浑黄河，禹凿龙门——龙门楹联

九曲黄河，从雪峰连绵的莽莽昆仑奔腾而来。一路上，集千流，汇万溪，大声呼啸着，穿峡谷，越深沟，直流到龙门山下。在禹门口有这样一幅楹联：

禹门三级深

平地一声雷

九曲黄河

此联将群山对峙，黄河奔流其间，波涛汹涌，咆哮如雷的惊现状描绘的淋漓尽致。

三门峡地处中原豫、晋、陕三省交界处，相传大禹治水时，凿龙门，开砥柱，在黄河中游这一段形成了"人门""鬼门""神门"三道峡谷，三门峡即由此得名。黄河中游河水十分湍急，两岸山崖陡峭，特别在三门（中神门，南鬼门，北人门）处尤为险峻。有这样一副楹联：

三门峡

雄流峭壁三门险
鬼斧神工一道通

此联落笔生奇、造境入化，将黄河三门峡段大自然鬼斧神工般造就的峭壁急流的险要形势描写的极其传神，有观联知峡险之效。

壮阔长江，黄鹤名楼——黄鹤楼楹联

长江三峡西起奉节白帝城，东至湖北宜昌南津关，全长193公里。沿途两岸奇峰陡立、峭壁对峙，自西向东依次为瞿塘峡、巫峡、西陵峡，是长江最为雄奇壮美之地。有一联描写长江三峡的雄险：

两岸如剑立
一江似布悬

全联以夸张的语气高度概括了长江三峡的险峻之状。

值得一提的还有长江三楼之一的黄鹤楼。黄鹤楼、岳阳楼和滕王阁作为"江南三大名楼"，流传下来多得难以统计的楹联。

一楼萃三楚精神，云鹤俱空横笛在
二水汇百川支派，古今无尽大江流

登上黄鹤楼，眼望滚滚长江、汉水，吟诵着崔颢的名句："昔人已乘黄鹤去，此地空余黄鹤楼"，使人抚今追昔触景生情。此联中"云鹤俱空"和"古今无尽"多少表现了"出世"的超旷意境，但同时又讲"横笛在"和"大江流"，又回到了"入世"的现实世界。看来作者界于"出世"与"入世"之间，而又略偏于"入世"，所以才颂扬了"三楚精神"和"百川支派"。其中"横笛在"是借用李白诗句"黄鹤楼中闻玉笛""江城五月落梅花"典故，"大江流"是借用谢朓诗句"大江流日夜，客心悲未央"典故，显得文采蕴藉。

远望黄鹤楼

美丽西湖，联冠天下——西湖楹联

西湖有着丰厚的人文积淀，游览之盛也使得它成为了留题、楹联的大观园，文人墨客与政治家题写的楹联，与西湖一起，在历史长河中熠熠生辉。

西湖美景

> 凭栏看云影波光，最好是红蓼花疏，白蘋秋老
> 把酒对琼楼玉宇，莫辜负天心月到，水面风来

此联为清代道光、咸丰年间人士彭玉麟所作，状描平湖秋月之美。

平湖秋月位于白堤西端，背倚孤山，面临外湖。唐代建有望湖亭，明代又增龙王祠，清康熙年间定名平湖秋月，为西湖十景之一。凭临湖水，登楼眺望秋月，在恬静中感西湖的浩渺，洗涤烦躁的心境，是她的神韵所在。西湖有"景在城中立，人在画里游"的美誉，不论站在那个角度，看到的都是一幅素雅的水墨江南图卷，平湖望秋月更是楼可望，岸可望，水可望。

> 穿牖而来，夏日清风冬日日
> 卷帘相见，前山明月后山山

此联掌握了平湖秋月四面空旷，最宜消受的日月山水的特色，意为穿过窗户进来的是夏日的清风与冬季的阳光，卷起门帘有前山的明月和后山的青山来相见。人与自然景物彼此相看不厌，简直把它们都人格化了。正如辛弃疾《贺新郎》词："我见青山多妩媚，料青山见我应如是。"清风、明月、青山、冬日象无猜亲友，惠然肯来，有道是"清风明月本无价，近水遥山皆有情。"

还有湖心亭清喜阁楹联：

> 亭立湖心，俨西子载扁舟，雅称雨奇晴好
> 席开水面，恍东坡游赤壁，偏宜月白风清

这是西湖上湖心亭清喜阁联。上联从苏轼《饮湖上初晴后雨》诗生发而来，联想到

西湖湖心亭

这亭子矗立于湖心，俨然像西子载着一叶扁舟在湖上游荡，悠然自得。下联是从苏轼《前赤壁赋》中句子得到启示，从在湖心亭临水面的边上，摆开酒席、茶具，想到苏东坡贬官黄州，泛舟游于长江赤壁的情景，恍若乘上西子扁舟游于赤壁，遇上了最相宜的月白风清之景致。

还有一副脍炙人口、不得不提的西湖清代行宫花园联，更是让人玩味不尽：

水水山山处处明明秀秀
晴晴雨雨时时好好奇奇

这是题于杭州清代行宫花园古亭柱上的一副楹联，也是叠字联，而且10个字全部重叠，联语即以此诗中的"水""晴""好""山""雨""奇"6个字为主相叠而成。更为奇妙的是，此联通过断句、重组、简化等方法可以衍生出若干副新对联，而意思保持不变。一是可倒读为：秀秀明明处处山山水水，奇奇好好时时雨雨晴晴。二是可用跳字法读为：水处明，山处秀；晴时好，雨时奇。三是将叠字拆开，可读作：山明水秀，水山处处明秀；晴好雨奇，晴雨时时好奇。无论哪种读法，都能表达出大诗人苏东坡赞美西子湖的名句"湖光潋滟晴方好，山色空蒙雨亦奇"的意境，堪称鬼斧神工。

雄阔洞庭，浩瀚胜景——洞庭湖楹联

洞庭湖南面有湘江、资水、沅江、澧水注入，北由东面的岳阳城陵矶注入长江。在湖南北部，长江南岸，湖水面积2820平方公里，水面宏阔，烟波浩渺，号称"八百里洞庭"，乃中国第二大淡水湖。其中描写洞庭湖胜景的楹联有：

"水天一色，风月无边"

"古今洞庭水，天下岳阳楼"

"浪扫明湖千里境，气吞江汉万重波"

"四面湖山归眼底，万家忧乐到心头"

"十五年胜地重游，云外神仙应识我；八千里长山一览，湖边风月最宜人"

"八百里洞庭今入眼，五千年历史再回头"

……

可谓佳联多多。洞庭湖畔名胜古迹甚多，岳阳楼是湖南一大名胜最负盛名，"楼观岳阳尽，川回洞庭开"。此楼为唐开元四年建，历代不少文人墨客登楼吟咏，留下许多著名诗篇。杜甫（少陵）有过"昔闻洞庭水，今上岳阳楼"的慷慨悲歌。宋庆历四年岳阳楼重修，范仲淹（希文）在此写下了脍炙人口的《岳阳楼记》。洞庭湖还有一联，上联述典，由典抒情，情切切"使我沧然涕下"。下联写景，由景引申，生发出"问谁领会得来"？

洞庭湖岳阳楼

一楼何奇？杜少陵五言绝唱，范希文两字关情，滕子京百废俱兴，吕纯阳三过心醉，诗耶，儒耶，吏耶，仙耶？前不见古人，使我沧然涕下

诸君试看，洞庭湖南极潇湘，扬子江北通巫峡，巴陵山西来爽气，岳州城东道岸疆，渚者，流者，峙者，镇者，此中有真意，问谁领会得来

滇池大观，第一长联——昆明大观楼楹联

我国据典抒情的长联亦不少，其中，最有名的长联当属昆明大观楼楹联了。

五百里滇池，奔来眼底。披襟岸帻，喜茫茫空阔无边。看东骧神骏，西翥灵仪，北走蜿蜒，南翔缟素。高人韵士，何妨选胜登临！趁蟹屿螺洲，梳裹就、风鬟雾鬓；更苹天苇地，点缀些翠羽丹霞。莫辜负：四围香稻，万顷晴沙，九夏芙蓉，三春杨柳。

数千年往事，注到心头。把酒凌虚，叹滚滚英雄谁在！想汉习楼船，唐标铁柱，宋挥玉斧，元跨革囊。伟烈丰功，费尽移山心力！尽珠帘画栋，卷不及、暮雨朝云；便断碣残碑，都付与苍烟落照。只赢得：风杵疏钟，半江渔火，两行秋雁，一枕清霜。

昆明大观楼

此联为清代乾隆年间道士孙髯（1701—1775）所作，共180字，立于清光绪十四年戊子春正月二日。联成之后，很快誉满天下。从字数看，清人钟云舫所作成都望江楼崇丽阁长联有212字，四川灌县青城山长联有394字，张之洞所撰屈原汀妃祠长联有1400字，都比昆明大观楼联长，更有钟云舫所题的江津临江楼长联达1612字，大概是真正在字数上的天下第一长联了。但这些长联在思想内容、意景交融、格对技巧、音韵顿挫上皆不及昆明大观楼长联自然、精当，故大观楼长联雄踞天下第一长联之美称。

此联上对写景、下对咏史，上对当属登楼远眺、喜观胜景而得，下对当属举怀之际、感古怀今之作，全联气势磅礴、构思博大，既有景的赞美，也有史的悲叹，据称当年孙道士把酒临风、一气呵成，真可谓泼墨震长空！后人评价此联：上联诗人纵情放歌烟波浩渺的水面，往来奔走的群山，写出这无限空间、无限的美，写出一派游子之情，一片赤子之心；下联诗人以悲凉的笔触，历数各朝风流人物，倾出满腹思古幽情、满腔亡国之恨。爱与恨两番意境缓缓托出，令人肃然起敬。

神秀太湖，烟水迷茫——鼋头渚澄澜堂楹联

太湖位于长江下游，江苏省南部，是我国第三大淡水湖，号称"三万六千顷"。太

湖吐纳长江，烟波浩荡，气势不凡。临湖远眺，烟水迷茫，水天相连，气象纷纭。太湖之滨的鼋头渚，是观太湖的最佳处。鼋头渚澄澜堂有一副对联写道：

山横马迹，渚峙鼋头，尽纳湖光开绿野

雨卷珠帘，云飞画栋，此间风景胜洪都

上联写远景，说登上鼋头渚，遥望马迹山，湖光山色，一碧万顷；下联观云，每当烟雨晴云之际，珠帘漫卷，画栋留云，使人觉得比南昌的滕王阁更胜一筹。全联把澄澜堂与远山近水融为一体，渲染开来，妙境横出。

吐纳长江、气势不凡的太湖

天下奇观，雄奇壮阔——黄果树瀑布楹联

被誉为"黔西明珠""地上天河"的黄果树大瀑布，位于贵州省安顺市镇宁布依族苗族自治县境内的白水河上。高 77.8 米，宽 101 米，洪水期最大流量超过 1300 立方米/秒，

黄果树瀑布美景

是中国和亚洲第一大瀑布,也是世界上最负盛名的大瀑布之一。周围岩溶广布,河宽水急,山峦叠嶂,气势雄伟,历来是连接云南、贵州两省的主要通道。瀑布是以当地的一种常见的植物"黄果树"而得名,以其雄奇壮阔的大瀑布、连环密布的瀑布群而闻名于海内外,十分壮丽,并享有"中华第一瀑"之盛誉。亦名"黄葛墅"瀑布、"黄桷树"瀑布,因本地广泛分布着"黄葛榕"而得名。

白水如棉 不用弓弹花自散
红霞似锦 何须梭织天生成

这是黄果树瀑布"观瀑亭"的名联。大意为:瀑布奔流而下激起如棉花般的白色雾状水珠,飘飘洒洒不用弹弓射,即四散溅开,天边的云霞就像不用机器织就天然而成的绸缎!此联纯属写景,把站在观瀑亭前所看到自然景色用浓墨重彩地加以描绘,形象具体。亭名"观瀑",但所写并不限于地上的瀑布,同时也写到了天上的"红霞",极大地扩展了写景空间。显得气象阔大;又由于地下与天上的景物互相映衬,更增添了画面的生动性和层次感。

上联把瀑布说成是"白水",这是写实,但它不仅指白水河。固然,河水也会激起浪花的,也会"不用弓弹花自散"的;但是,它更主要的是写瀑,因为水流悬空而下,形成瀑布时,颜色是白色的,飞溅的水沫会像棉花一样,"不用弓弹花自散"。

下联的"红霞似锦",看似一个简单的比喻,其实,联系下句中的"梭织"来分析,不难发现此处暗用了织女的典故。传说织女原为天帝之女,因触犯天条,罚去纺织,每天"机杼劳苦",织成"云锦天衣",十分美丽。"红霞"是一种云彩,"红霞似锦"就是指"云锦"。这么优美的景色,加上优美的传说,黄果树瀑布就更为奇诡迷人了。

在表现手法上,此联善于运用想象和比喻。"状难写之景如在目前",这是值得称道的。上联从日常生活去生发想象,由白水想到棉花,由棉花想到弹棉花,读来感到亲切;下联从神话传说去生发想象,由红霞想到云锦,由云锦想到"机杼劳苦"的织女,把读者的艺术感受引向更新更佳的层次。可以说，上下联的想象和比喻，一俗一雅，一近一远，珠联璧合，自然贴切。

泉水叮咚，漫话楹联——名泉楹联

济南城内多名泉，号称泉城。城中名泉有趵突、黑虎、柳絮、金线等。位于济南市西门桥南的趵突泉，就是众多名泉其中之一。名列济南72泉之首，一名瀑流，又名槛泉，为古泺水发源地，有"天下第一泉"的盛誉。泉有三股，平地而涌，翻滚若轮，势如鼎沸，蔚为壮观，历代文人墨客在此留下无数的华章丽句。趵突泉旁，有这样一副楹联，状写泉之声貌，颇为传神：

济南趵突泉，泉有三股，平地而涌

空洞洞天，作飞飞响
活泼泼地，故源源来

泉水奔腾跳跃，水声飞飞上扬，衬托出天的高远、空阔；清泉从平地涌出，喷涌不已，势若云沸，地也因此显得充满活力。上下联中，天静地动，天远地近，两相对照，又连用四个叠音词，使全联更加活泼生动。又有一副为元代大书法家赵孟頫为趵突泉撰写的楹联：

云雾润蒸华不注
波涛声震大明湖

道出了趵突泉势如鼎沸的声威和气势。还有一副清代乾隆末年山东按察使石韫玉为趵突泉题写的一联：

画阁镜中，看幻作神仙福地

飞泉云外，听写成山水清音

言趵突泉"石中含窍，地下藏机"，能幻作神仙福地，听出山水清音，其誉颇高。还有一联为清代乾隆年间人士石韫玉于观澜亭所作，也丝毫不逊色于此联。

画阁镜中，看幻作神仙佛地

飞泉云外，听写成山水清音

最耐人寻味，读来诗意盎然，韵味无穷的还当属沥源堂的那联：

佛脚清泉，飘飘飘飘飘，飘下两条玉带

源头活水，冒冒冒冒冒，冒出一串珍珠

此联生动形象地表现了趵突泉"泉涌上奋，水涌若轮"时的逼真景象。上联"佛脚清泉"点明了泉水的所处位置。佛脚，大明湖畔有千佛山，趵突泉在其下。作者一连用了五个"飘"字，形象生动地描摹出了泉水上涌的美妙情景。用"玉带"来比喻"泉瀑"，给人以具体可感的形态美，又展示出多人心目中的色彩美。下联"源头活水"，借用宋代朱熹《观书有感》的诗句："问渠那得清如许，为有源头活水来。"点明了趵突泉是沥水的源头。一连用五个"冒"字，巧妙地描摹出了趵突泉水冒之状。用"珍珠"形象地比喻泉水自泉眼喷出时形成的水珠，比喻贴切自然。加之联中用叠字、比喻、顶针修辞手法，语如贯珠，上连下接，使整副对联意趣盎然，形象生动，自然明快，有声有色，栩栩如生地描摹出泉瀑、水涌的动态美，一字五叠，有着节奏徐缓、一唱三叹的欣赏效果。笔墨十分传神，读来犹如念曲歌唱，脍炙人口。

济南大明湖，在济南旧城北部，由城内诸泉水汇集而成，湖面近47公顷。一湖碧水，荷花映日，垂柳披拂，景色绝佳。沿湖亭台楼阁，水榭长廊，更添一番风韵。因其风景如画，历来为游览胜地。在湖西北岸的沧浪亭西廊墙壁上有状写大明湖胜景的楹联如：

四面荷花三面柳

一城山色半城湖

此联文字通俗、意境优美，十分贴切地点出了济南老城的风景特征，堪称佳作。

甘肃敦煌月牙泉，在敦煌城南 7 公里处鸣沙山北麓。泉水清澈，形如半月，周围沙山环抱，千百年来虽风卷沙拥，而泉终不被流沙所淹，堪称神奇。泉边题有一联：

敦煌月牙泉形如半月，沙山环抱，堪称神奇

景是仙鸾描出画

形为天马负图来

上联说清泉水平如镜，映出四周景物，宛如仙鸾画出，下联言泉形如镜，四周沙龙，围绕如镜之泉，构成一副天马负图的画面。上联言景，下联言形，均用典故，且以镜为喻。通常人们以水喻镜，此联用镜喻泉水，颇有新意。

山西晋祠以清泉清澈、佳树繁阴、水木清华著称。晋祠中晋水源头主要有三泉：难老泉、鱼沼泉、善利泉。难老泉是晋源的主泉，泉水充沛，常年不息，被称为"晋祠三绝"之一。圣母殿明间内柱上为"难老泉"所撰楹联：

溉汾西千顷田，三分南，七分北，浩浩同流，数十里浯之浊

出瓮山一片石，冷于夏，温于冬，渊渊有本，亿年与世长清

山西晋祠难老泉

上联开首便指出了晋水造福人民的功德——"溉汾四千顷"，接着写"难老泉"出水处"三分南，七分北"的南北分流原则，之后便描绘了晋水的主要特征是"浯之不浊"。下联承上，说明了晋水冬暖夏凉，并进一步从空间和时间两方面点明了难老泉出于悬瓮

山，与天地同流。全联语言平易，对仗工整，音节响亮，句式多变，对于晋水的来源、出处、分水原则、功用及晋水的清澈、恒温等特征做了全面的说明与交代。圣母殿前还有一联这样赞难老泉：

灵泉浩浩，万顷琉璃穷地脉

圣水溶溶，九涯珠玉荡天光

上联说此泉暗接灵渠，泽衍千里，其水如琉璃般清澈见底，泽润万顷田畴；下联说是泉奔涌不绝，水势汤汤，荡漾着珠玉般的光辉。

杭州的虎跑泉，位于西湖西南隅的大慈山白鹤峰下虎跑寺侧院内。虎跑泉水色晶莹，味甘而醇，历来被誉为西湖诸泉之首，向称"天下第三泉"，而且"龙井茶叶虎跑水"，一直被人誉为西湖"双绝"。泉边有一联写道：

石涧水喧乃定静

松月路转入清凉

将虎跑泉一带泉声聒耳、松风明月的景致刻画出来。相传虎跑寺原本无泉，被二虎将南岳一童子泉搬至此处。据说有一高僧亲见二虎刨地成穴，泉水从穴中涌出，故名虎跑泉。虎跑寺现存一副楹联形象地直书了当年的神话传说："虎移泉眼至南岳童子，历百千万劫留此真源。"

杭州龙井泉位于杭州市西湖凤凰岭上，本名龙泓泉，又名龙湫。此泉大旱之年不涸，古人以为与大海相通，有神龙潜居于内，故名龙湫或龙井。在龙井泉之西的龙井村盛产西湖龙井茶，名泉名茶相得益彰。清代乾隆皇帝不止一次去龙井烹茗鉴泉，他曾写一联道：

虎跑泉的名字来源于一则奇妙的传说

秀翠名湖，游目频来过溪处
腴含古井，怡情正及采茶时

杭州灵隐寺前的飞来峰下有一池清水，池内有一股泉水喷涌而出，阴冷异常，故名冷泉，池亦因名冷泉池。池上建有一亭名冷泉亭。冷泉亭有一联写道：

泉自几时冷起
峰从何处飞来

游人赏玩林泉泉石美景之余，常常会驻足冷泉亭，缘发追寻此奇峰异泉之名而求其来历之兴致，本联一问"泉从几时冷起"，再问"峰从何处飞来"。大有穷源究本的气势，也为冷泉、飞来峰平添了几分诗意。

大理蝴蝶泉在云南大理旧城北郊苍山云寻峰下，泉隐于绿林丛中，有一约50平方米的泉池。泉边有古树，横卧泉面，每年农历四月，古树花开，状如蝴蝶。每到春末夏初，有成千上万的蝴蝶云集于此，翩然起舞，壮观无比。相传古时有一对情人因反抗恶势力双双殉情潭内，化为一对蝶，故有蝴蝶泉之名。清人彭古游览此泉写下一联：

蝴蝶舞翩跹，为万紫千红飞来飞去，前生疑似庄周化
青山留胜迹，有层峦叠嶂宜晴宜雨，此地重吟道韫诗

云南大理蝴蝶泉相传着情人殉情化蝶的凄美故事

全联用两典，与蝴蝶泉胜迹融为一体。上联用庄周化蝶的故事，从飞舞的蝴蝶想到庄子化蝶的典故，故说"前生疑似庄周化"；下联用东晋才女谢道韫的故事，联想到谢道韫写的《登山诗》，借以赞赏蝴蝶泉所在的苍山景色空濛，故说"此地重吟道韫诗"。让蝴蝶泉顿时生动起来。

第六章 水墨交融——水与书法

中国书法是中华民族的艺术瑰宝。它肇始于东汉，到魏晋时期成为了一种固定的艺术范式，之后各个朝代的文人雅士以写一手好字为荣，至今仍热情未减，其成就之高，为世界所瞩目。中国历史上书法名家辈出，他们的作品或如行云流水，或矫若游龙飞凤，有的以"水"为师，追求气韵生动的书法风格，还有的书写发生在水边的趣事妙语，这些都成为了后人津津乐道的书坛典故。

流觞曲水，乘兴而书——东晋王羲之行书《兰亭集序》

所谓"曲水流觞"，是指中国古代流行的一种行酒游戏。农历三月初三上巳日，人们在举行完祓禊仪式（祓fú，是祛除病气和不祥；禊xì，是修洁、净身。祓禊是指通过在溪水里洗濯身体，以期去病除凶的一种风俗仪式。）之后，往往喜欢三五成群，坐在溪水两边，把盛满酒的杯子（觞）放在荷叶上，置于溪水上游，这样荷叶便会载着酒

明代黄宸《曲水流觞图》

杯顺流而下，在谁的面前停住了，谁就要赋诗一首，如果作不出，就取杯饮酒作为惩罚，有诗云"羽觞随波泛"，便是对这种游戏的形象描述。中国古代与"曲水流觞"相关的典故有很多，比如"书圣"王羲之创作《兰亭集序》的故事就是一段千古佳话。

晋穆帝永和九年（353年）三月初三上巳日，王羲之（303—361）、谢安、孙绰、谢万、高僧支道林，以及王羲之的儿子献之、凝之、涣之、玄之、徽之等四十二人，兰亭（位于浙江省绍兴市西南十四公里处的兰渚山下，相传春秋时越王勾践曾在这里种植兰花，汉时设驿亭，故名兰亭。）修禊之后，在清溪两旁席地而坐，酒杯从上游浮流而下，众人赏春看景、饮酒作乐，有十一人各成诗两篇，十五人各成诗一篇，十六人作不出诗，各罚酒三觥。有趣的是，王羲之最钟爱的小儿子，与之并称"二王"的书法家王献之（344—386），也没有作出诗来，被罚了酒，后有人作诗打趣说："却笑乌衣王大令，兰亭会上竟无诗。"王羲之将大家的诗作汇集起来，取名《兰亭集》，还挥毫写下了被誉为"天下第一行书"的《兰亭集序》，记下这次兰亭雅集的美好瞬间，以表达欢乐之情。因此，《兰亭集序》也被称为"禊帖"。

王羲之酷爱山水，在亲近山水的过程中也在汲取着创作灵感，他说："每作一字，须用数种意，或横画似八分，而发如篆籀……或转侧之势似飞鸟空坠，或棱侧之形如流水激来。"（清代王原祁等编纂《佩文斋书画谱》卷五《晋王羲之书论》《历代书法论文选》，上海书画出版社1979年版，第28页）故其作品中处处透露出如高山流水般的雍容娴雅和滔滔汩汩、一泻无阻的畅达大度。下面我们就来欣赏一下这幅名满天下的书法作品及文辞优赡的文学作品，一起感受兰亭溪边"茂林修竹""清流激湍""天朗气清"、呼朋引伴的热闹场景：

永和九年，岁在癸丑，暮春之初，会于会稽山阴之兰亭，修禊事也。群贤毕至，少长咸集。此地有崇山峻岭，茂林修竹，又有清流激湍，映带左右。引以为流觞曲水，列坐其次。虽无丝竹管弦之盛，一觞一咏，亦足以畅叙幽情。

是日也，天朗气清，惠风和畅。仰观宇宙之大，俯察品类之盛，所以游目骋怀，足以极视听之娱，信可乐也。

夫人之相与，俯仰一世。或取诸怀抱，悟言一室之内；或因寄所托，放浪形骸之外。虽趣舍万殊，静躁不同，当其欣于所遇，暂得于己，快然自足，不知老之将至。及其所之既倦，情随事迁，感慨系之矣。向之所欣，俯仰之间，已为陈迹，犹不能不以之兴怀。况修短随化，终期于尽。古人云："死生亦大矣！"岂不痛哉！

每览昔人兴感之由，若合一契，未尝不临文嗟悼，不能喻之于怀。固知一死生为虚诞，齐彭殇为妄作。后之视今，亦犹今之视昔，悲夫！故列叙时人，录其所述。虽世殊事异，所以兴怀，其致一也。后之览者，亦将有感于斯文。

东晋王羲之书法作品《兰亭集序》

王羲之所书《兰亭集序》与文字内容水乳交融，写来从容不迫，顿挫有致，长短错落，摇曳生姿，"字势雄逸，如龙跳天门，虎卧凤阙"（梁武帝《古今书人优劣评》《历代书法论文选》，上海书画出版社1979年版，第81页），无一点俗气。文中虽有"俯仰之间，已为陈迹"的无奈与叹息，但丝毫不影响流淌在字里行间高雅情趣，对后世文人的山水审美有着深远影响。

居高思坠，持满戒盈——唐代欧阳询正书《九成宫醴泉铭》

唐太宗贞观六年（632年）四月，由魏徵撰文、欧阳询手书的《九成宫醴泉铭》，被镌刻成碑，立于麟游（今陕西宝鸡麟游县）城西。九成宫位于今陕西省宝鸡市麟游县新城区，始建于隋文帝开皇十三年（593年）二月，历时二年乃成，初命名为"仁寿宫"，是文帝的离宫。唐太宗贞观五年（631年）修复扩建，更名为"九成宫"，取"九重"之意，以彰显其高大雄伟的皇家气派。"铭"是古人刻在器物上用来警诫世人、称述功德的文字，属韵文的一种。这篇《九成宫醴泉铭》详细记述了九成宫的来历，以及唐太宗在九成宫避暑时城内发现醴泉的经过，大力歌颂"天子令德"，并在最后发出"居高思坠，持满戒盈"的告诫之言，希望唐太宗能以隋为诫，不要重蹈覆辙。

所谓"醴泉"，又称甘泉，味淡薄而略有酒味。《礼记》曰："天降甘露，地出醴泉。"《尔雅·释天》云："甘雨时降，万物以嘉，谓之醴泉。"让我们在欣赏欧阳询书法艺术的同时，细细品味魏徵笔下"醴泉"的甘甜绵柔吧：

维贞观六年孟夏之月，皇帝避暑乎九成之宫，此则随之仁寿宫也。冠山抗殿，绝壑为池，跨水架楹，分岩耸阙，高阁周建，长廊四起，栋宇胶葛，台榭参差。仰视则迢递百寻，下临则峥嵘千仞，珠璧交映，金碧相晖，照灼云霞，蔽亏日月。观其移山回涧，穷泰极侈，以人从欲，良足深尤。至于炎景流金，无郁蒸之气，微风徐动，有凄清之凉，信安体之佳所，诚养神之胜地，汉之甘泉不能尚也。皇帝爰在弱冠，经营四方，逮乎立年，抚临亿兆，始以武功壹海内，终以文德怀远人。东越青丘，南逾丹徼，皆献琛奉贽，重译来王，西暨轮台，北拒玄阙，并地列州县，人充编户。气淑年和，迩安远肃，群生咸遂，灵贶毕臻，虽藉二仪之功，终资一人之虑。遗身利物，栉风沐雨，百姓为心，忧劳成疾，同尧肌之如腊，甚禹足之胼胝，针石屡加，腠理犹滞。爰居京室，每弊炎暑，群下请建离宫，庶可怡神养性。圣上爱一夫之力，惜十家之产，深闭固拒，未肯俯从。以为随氏旧宫，营于曩代，弃之则可惜，毁之则重劳，事贵因循，何必改作。于是斫雕为朴，损之又损，去其泰甚，葺其颓坏，杂丹墀以沙砾，间粉壁以涂泥，玉砌接于土阶，茅茨续于琼室。仰观壮丽，可作鉴于既往，俯察卑俭，足垂训于后昆。此所谓至人无为，大圣不作，彼竭其力，我享其功者也。然昔之池沼，咸引谷涧，宫城之内，本乏水源，求而无之，在乎一物，既非人力所致，圣心怀之不忘。粤以四月甲申朔旬有六日己亥，上及中宫，

《九成宫醴泉铭》原碑

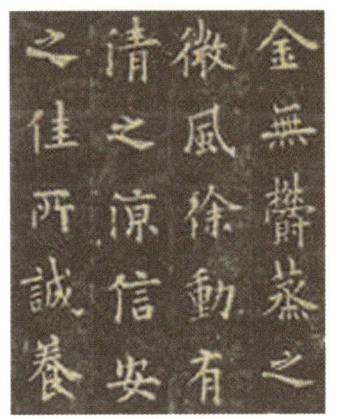

《九成宫醴泉铭》局部

历览台观，闲步西城之阴，踌躇高阁之下，俯察厥土，微觉有润，因而以杖导之，有泉随而涌出，乃承以石槛，引为一渠。其清若镜，味甘如醴，南注丹霄之右，东流度于双阙，贯穿青琐，萦带紫房，激扬清波，涤荡瑕秽，可以导养正性，可以澄莹心神。鉴映群形，润生万物，同湛恩之不竭，将玄泽于常流，匪唯乾象之精，盖亦坤灵之宝。谨案：《礼纬》云：王者刑杀当罪，赏锡当功，得礼之宜，则醴泉出于阙庭。《鹖冠子》曰：圣人之德，上及太清，下及太宁，中及万灵，则醴泉出。《瑞应图》曰：王者纯和，饮食不贡献，则醴泉出，饮之令人寿。《东观汉记》曰：光武中元元年，醴泉出京师，饮之者痼疾皆愈。然则神物之来，寔扶明圣，既可蠲兹沉痼，又将延彼遐龄。是以百辟卿士，相趋动色，我后固怀撝挹，推而弗有，虽休勿休，不徒闻于往昔，以祥为惧，实取验于当今。斯乃上帝玄符，天子令德，岂臣之末学所能丕显。但职在记言，属兹书事，不可使国之盛美，有遗典策，敢陈实录，爰勒斯铭。其词曰：

唯皇抚运，奄壹寰宇，千载膺期，万物斯睹，功高大舜，勤深伯禹，绝后光前，登三迈五。握机蹈矩，乃圣乃神，武克祸乱，文怀远人，书契未纪，开辟不臣，冠冕并袭，琛贽咸陈。大道无名，上德不德，玄功潜运，几深莫测，凿井而饮，耕田而食，靡谢天功，安知帝力。上天之载，无臭无声，万类资始，品物流形，随感变质，应德效灵，介焉如响，赫赫明明。杂沓景福，葳蕤繁祉，云氏龙官，龟图凤纪，日含五色，乌呈三趾，颂不辍工，笔无停史。上善降祥，上智斯悦，流谦润下，潺湲皎洁，萍旨醴甘，冰凝镜澈，用之日新，抱之无竭。道随时泰，庆与泉流，我后夕惕，虽休弗休，居崇茅宇，乐不般游，黄屋非贵，天下为忧。人玩其华，我取其实，还淳反本，代文以质，居高思坠，持满戒溢，念兹在兹，永保贞吉。

从书法艺术角度来看，这篇铭文笔力遒劲而不失圆润，结构匀称、饱满，意态凝重、稳健，代表了欧阳询书作的最高水平，历来为书家所推崇，被誉为"正书第一"（明赵明赵涵《石墨镌华》），如明代陈继儒说此碑"如深山至人，瘦硬清寒，而神气充腴，能令王者屈膝，非他刻可方驾也"。

明代文徵明行书《滕王阁序》

宋代苏轼小楷《滕王阁诗序》

水寒潭清，爽籁清风——书帖《滕王阁序》

唐代著名诗人王勃所作《滕王阁序》，全称《秋日登洪府滕王阁饯别序》，也称《滕王阁诗序》。滕王阁在今江西省南昌市赣江之滨，唐高祖之子滕王李元婴任洪州都督时（653年）始建，唐上元二年（675年），阎伯屿为洪州牧，宴群僚于阁上，王勃前往交趾（在越南河内西北）看望父亲（任交趾县令），路过南昌时所作。

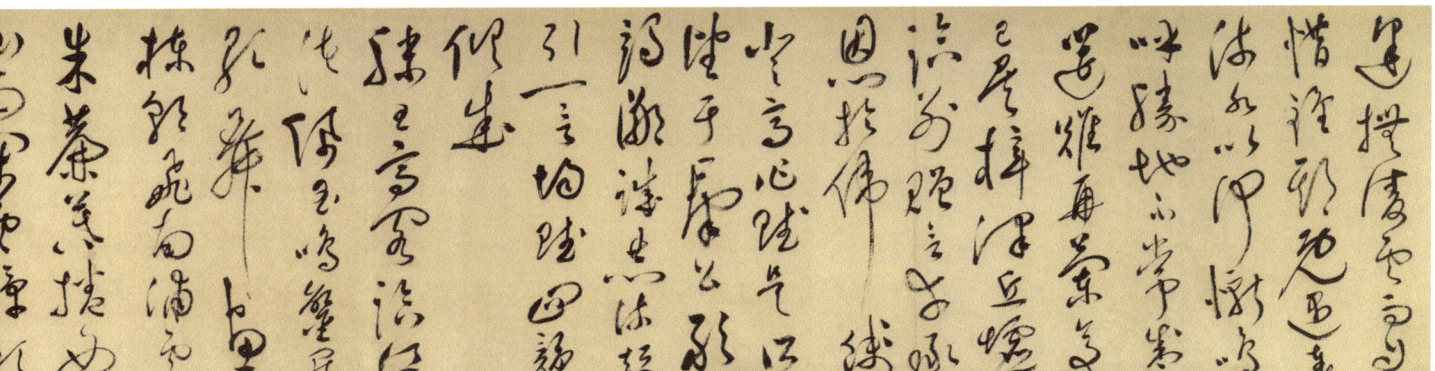

明代王宠草书《滕王阁序》局部

这是骈文中的名篇，描绘了滕王阁雄伟壮丽的景象，尤其是对湖光山色的形容刻画非常生动形象。风格明快爽利、清新流畅，情景交融、浑然天成，恰似行云流水，自胸臆自然流出。如以下段落：

时维九月，序属三秋。潦水尽而寒潭清，烟光凝而暮山紫。俨骖騑于上路，访风景于崇阿。临帝子之长洲，得天人之旧馆。层峦耸翠，上出重霄；飞阁流丹，下临无地。鹤汀凫渚，穷岛屿之萦回；桂殿兰宫，即冈峦之体势。

披绣闼，俯雕甍，山原旷其盈视，川泽纡其骇瞩。闾阎扑地，钟鸣鼎食之家；舸舰弥津，青雀黄龙之轴。云销雨霁，彩彻区明。落霞与孤鹜齐飞，秋水共长天一色。渔舟唱晚，响穷彭蠡之滨，雁阵惊寒，声断衡阳之浦。

遥襟甫畅，逸兴遄飞。爽籁发而清风生，纤歌凝而白云遏。睢园绿竹，气凌彭泽之樽；邺水朱华，光照临川之笔。四美具，二难并。穷睇眄于中天，极娱游于暇日。天高地迥，觉宇宙之无穷；兴尽悲来，识盈虚之有数。望长安于日下，目吴会于云间。地势极而南溟深，天柱高而北辰远。关山难越，谁悲失路之人；萍水相逢，尽是他乡之客。怀帝阍而不见，奉宣室以何年？

王勃的才华横溢以及文中所抒发的怀才不遇的悲愤与不平，引起了文人的强烈共鸣，他们不仅熟读成诵，而且多用来作为书法创作的素材。我们这里选取了三幅：北宋苏轼的小楷、明代文徵明（1470—1559）的行书、明代王宠（1494—1533）的草书。

精致唯美，圆转流丽——书帖《赤壁赋》

北宋神宗元丰五年（1082年）秋，苏轼被贬为黄州（今湖北黄冈）团练副使，这一年的秋天和科天，他先后两次泛舟江上，游览了黄州附近的赤壁，写下两篇《赤壁赋》，被后人分别称为《前赤壁赋》《后赤壁赋》。众多书家喜书此赋，借以抒写心中郁积的情感。元代书法大家赵孟頫（1254—1322）所书《赤壁赋》，用笔老练深刻，笔画劲健，线条流畅，很好地传达出了苏轼赋之深意。明代董其昌（1555—1636）所书《赤壁赋》，笔法圆活灵动，字法结体大开大合，用墨浓淡相间，有平淡天真、飘逸空灵之趣，与苏轼赋中所体现的达观开朗、云淡风轻非常一致。

元代赵孟頫行书《赤壁赋》局部

元气淋漓，劲健豪迈——书帖《岳阳楼记》

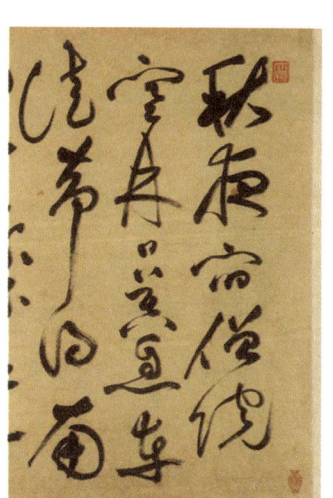

明代祝允明行草书《岳阳楼记》局部

北宋政治家范仲淹的散文名篇《岳阳楼记》，通过对洞庭湖景色的形象描绘，表现了作者"先天下之忧而忧，后天下之乐而乐"的远大理想和宽广心胸，其心怀天下的宏大气魄与面对逆境时旷达超脱的儒家风范，堪称政治家的典范。因此，这篇文章屡被统治者和士大夫赞颂和书写。在这里，我们选取了明代祝允明（1460—1527）的行草书作品。"书为心画"，当书家有感而发书写《岳阳楼记》时，也正如范仲淹看到洞庭湖的浩瀚无边一样，满怀激情，故能够元气淋漓、一气呵成，选用笔随心转、行云流水的行、草来创作，是再合适不过的。

笔妙喻水，坼壁屋漏——以水为师的书法创作理论

与诗人创作师法自然一样，书法创作同样也要求助于山水。书法家在同真实山水的接触中涵养性情，领悟哲理，笔法上也在模仿自然形态与精神。水具有灵动、飘逸、奔泻、狂野等多种姿态，这与追求灵活多变的书法艺术有着天然的契合。因此，古人论书法时，多爱用水来形容，如秦代蒙恬《笔经》曰：

夫用笔之法，先急回，回疾下；如鹰望鹏逝，信之自然，不得重改。送脚，若游鱼得水；舞笔，如景山兴云。或卷或舒、乍轻乍重，善深思之，理当自见矣。（宋代陈思《秦汉魏四朝用笔法》《历代书法论文选》，上海书画出版社1979年版，第397页）

西晋书法家卫恒（？—291）《四体书势·字势》云：

其曲如弓，其直如弦。矫然突出，若龙腾于川；渺尔一颓，若雨坠于天。……是故远而望之，若翔风厉水，清波漪涟；就而察之，有若自然。（《历代书法论文选》，上海书画出版社1979年版，第13页）

南朝梁武帝萧衍（464—549）《古今书人优劣评》云：

钟繇书如云鹤游天，群鸿戏海，行间茂密，实亦难过。

李镇东书如芙蓉之出水，文采之镂金。（《历代书法论文选》，第81页）

钟繇（151—230），字元常。颍川长社（今河南许昌长葛东）人，三国时期曹魏著名书法家，其书法作品对后世影响深远，与王羲之并称为"钟王"。从钟繇的《宣示表》来看，确实有着茂密灵逸之态，梁武帝"群鸿戏水"之语确为的评。

唐代张怀瓘《书断》评张芝草书：

若清涧长源，流而无限，萦回崖谷，任于造化，至于蛟龙骇兽奔腾拿攫之势，心手

三国魏钟繇《宣示表》局部

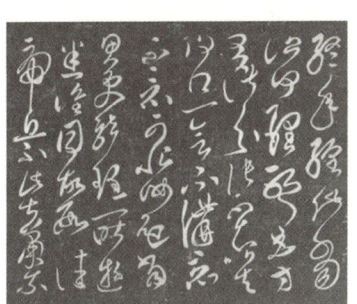

东汉张芝《终年帖》局部

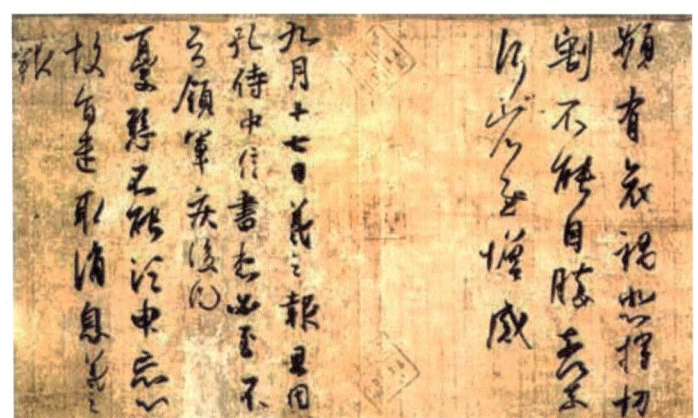

南朝齐王僧虔《论书表》局部

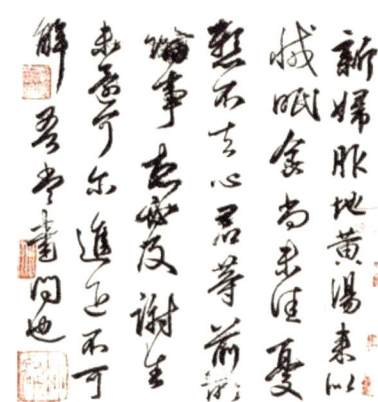

东晋王献之《新妇地黄汤帖》

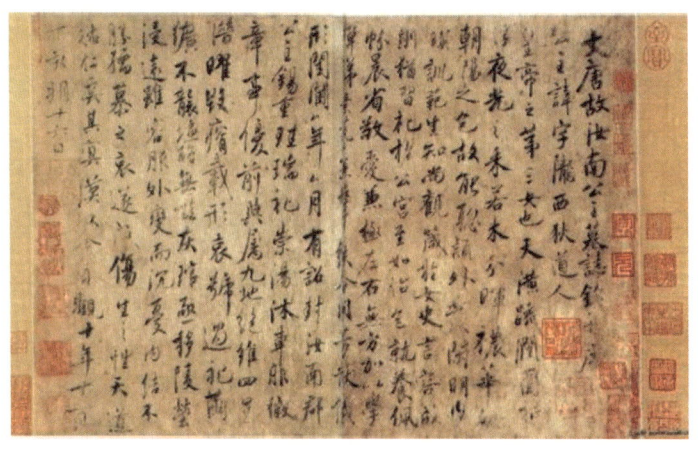

唐代虞世南《孔子庙堂碑》

随变，窈冥而不知其所如，是谓达节也已。(《历代书法论文选》，第177页)

评索靖草书：

有若山形中裂，水势悬流，雪岭孤松，冰河危石，其坚劲则古今不逮。(《历代书法论文选》，第179页)

评王献之书法：

或大鹏抟风，长鲸喷浪，悬崖坠石，惊电遗光[1]。评王僧虔书法：

若溪涧含冰，冈峦被雪，虽甚清肃，而寡于风味[2]。

"游鱼得水""清波漪涟""出水芙蓉""群鸿戏海""清涧长源""水势悬流""长鲸喷浪"、"冰河危石""溪涧含冰""冈峦被雪"……这些比喻形象生动地表现出书法艺术的审美追求，无不昭示出水与书法之间的密切关系。

唐代虞世南（558—638）《笔髓论·契妙》云：

字形者，如目之视也。为目有止限，由执字体既有质滞，为目所视远近不同，如水

[1] 引自：黄简.历代书法论文选.上海：上海书画出版社，1979.第180页。
[2] 引自：黄简.历代书法论文选.上海：上海书画出版社，1979.第189页。

在方圆，岂由乎水？且笔妙喻水，方圆喻字，所视则同，远近则异，故明执字体也。❶

虞世南是初唐书法"四大家"之一，其书法圆润秀美，好像水珠流动，如这幅《孔子庙堂碑》，远观近看，皆有其妙处。

在古代以水喻笔法的书论中，最著名的当数颜真卿的"屋漏痕"：

怀素与邬彤为兄弟，常从彤受笔法。彤曰："张长史私谓彤曰：'孤蓬自振，惊沙坐飞，余自是得奇怪。'草圣尽于此矣。"颜真卿曰："师亦有自得乎？"素曰："吾观夏云多奇峰，辄常师之，其痛快处如飞鸟出林、惊蛇入草。又遇坼壁之路，一一自然。"真卿曰："何如屋漏痕？"素起，握公手曰："得之矣。"（清王原祁等编纂《佩文斋书画谱》卷五《释怀素与颜真卿论草书》，《历代书法论文选》，第 283 页）

这里颜真卿所说的"屋漏痕"，是书法用笔的一种方法。他以破屋墙壁上渗漏的雨水痕迹作比，说明运笔时不能一泻而下，这样会显得太过滑熟而没有力道，必须如屋漏痕般缓缓流下，看似不露锋芒、起止无迹，却能达到力透纸背而不涩滞的艺术效果。

颜真卿的"屋漏痕"理论，在他的作品里体现得淋漓尽致。如他的行草名作《祭侄文稿》，虽然陷于失去侄子的哀痛之中，几不成书，几度涂了又改，但仍能看出笔锋顿挫，时左时右，线条圆转、饱满，自然凝重，一气贯注，气脉连续有力，显现出敦厚、庄重、沉雄之美，不愧有"颜筋"之誉。

❶ 引自：黄简．历代书法论文选．上海：上海书画出版社，1979．第 113 页。

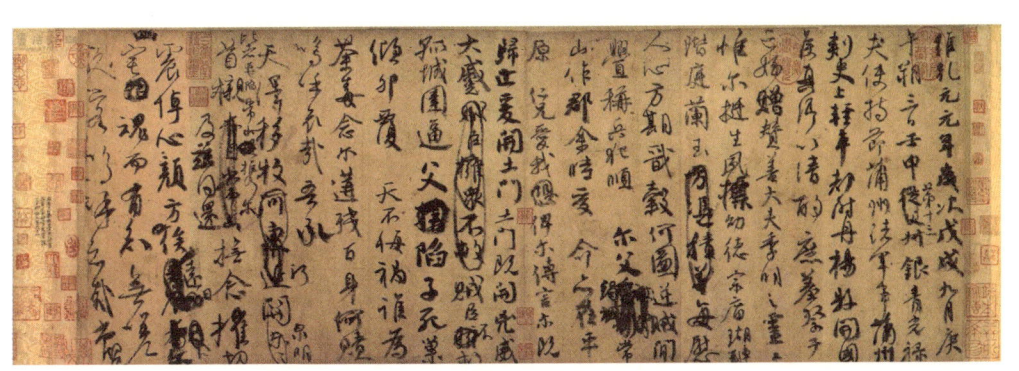

唐代颜真卿《祭侄文稿》

第七章 水袖翩翩——水与戏曲

戏曲也称戏剧,综合了对白、音乐、歌唱、舞蹈、武术和杂技以及艺术表演等多种表演方式,包括宋元南戏、元杂剧、明清传奇、近现代京剧和豫剧、越剧等各种地方戏,是中华民族传统文化中的艺术瑰宝。

戏曲是生活的镜子,是浓缩的人生。欣赏戏剧和影视剧可以使我们见识人生百态,品尝生活百味,从中洞悉人性的优美善良及阴险丑陋,捕捉至真至纯的人间真情。"水"作为生命之源和构成生活环境的重要因素,不可避免地要在戏曲中有所体现,有时甚至起着推动情节发展的关键作用。下面我们就选取几出经典戏曲,欣赏那些或发生在水边、或与水有关的动人故事。

银锅煮海,降服龙王——元代杂剧《张生煮海》

《张生煮海》,全名《沙门岛张生煮海》,元代戏曲作家李好古创作。该剧与尚仲贤的《柳毅传书》被誉为元代神话剧的"双璧",它所描写的人神恋爱故事,充满浪漫主义色彩,为世代所传诵,并被改编成各种地方戏,历久不衰。

剧中写潮州儒生张羽寓居东海石佛寺,闲来无事,清夜抚琴,琴声悠扬,引得东海龙王的三女儿琼莲闻声而来。张生、琼莲二人相见,顿生爱慕之心,便定下终身,约好于中秋之夜再次相会。但到了中秋月圆之夜,因为龙王的阻挠,琼莲无法前来赴约。张生久候佳人不来,难耐思念之情,便到海边寻,结果仍不见琼莲的踪影。正在张生焦急万分之时,东华仙姑从天而降,送给他银锅、金钱和铁勺,并传授法术,让他煮沸海水,逼龙王招亲。于是张羽便在沙门岛上架锅扇火,一时间,煮得大海沸腾,水族不安,"锦

《张生煮海》描写了一位文弱书生为了爱情而煮水逼婚、挑战龙王的故事

鳞鱼活泼刺心跳,银脚蟹乱扒沙在岸上藏!"最后,凶恶的龙王也无法忍受这样的煎熬,只好乖乖投降,请石佛寺长老做媒,让琼莲与张羽结为夫妇,"火中生比目鱼,石内长荆山玉,天边有比翼鸟,地上长出连枝树",有情人终成眷属。此时,东华仙姑再次出现,道出张羽、琼莲乃是天上的金童玉女,因思凡被贬下界,今已经得偿所愿,理应回归天庭。于是,张羽、琼莲重返瑶池。

这出戏表现了青年男女对爱情和幸福的大胆追求,全剧语言华丽,文采斑斓,特别是第二折写海景的句子,向来为人所称道:

你看那缥缈间十洲三岛,微茫处阆苑蓬莱,望黄河一股儿浑流派。高冲九曜,远映三台,上连银汉,下接黄埃。势汪洋无岸无涯,出许多异宝奇哉。看、看、看,波涛涌,光隐隐元价珠玑;是、是、是,草木长,香喷喷长生药材;有、有、有,蛟龙偃,郁沉沉精怪灵胎。常则是云昏气霭,碧油油隔断红尘界,恍疑在九天外。平吞了八九区云梦泽,问甚么翠岛苍崖。

面对着汹涌澎湃、神秘莫测的大海,古人一直心存敬畏之心,《张生煮海》的作者别具异想,没有让书生中状元,而是为了私情放下诗书簪缨之途,并且敢于向大海龙王挑战。虽然张生一开始见到茫茫大海,又听说龙王凶恶,曾经悲观失望,"小生才省悟了也,他是龙宫之女,他父亲十分狠恶,怎肯与我为妻,这婚姻之事,一定无成了,只是小娘子,谁着你听琴来?"但在仙人的帮助下,张生还是勇敢地煮水逼婚,降服龙王,取得了斗争的胜利。这也反映出了古代劳动人民渴望征服大自然的美好愿望。

水漫金山,勇斗法海——清代传奇《雷峰塔》

《雷峰塔传奇》是清代戏曲家方成培根据民间传说创作的一出神话剧,后人改名为《白蛇传》。

民间传说南宋绍兴年间,有一条修炼千年的白蛇化作一位美貌女子,取名白素贞,与青蛇精化作的丫环小青在杭州西湖游玩。"柳开青眼,桃舒笑面",西湖美景吸引了许多人前来踏青,"风流俊雅,道骨非凡"的公子许仙也在其中。白娘子对其一见钟情,

《雷峰塔传奇》又称《白蛇传》，白娘子为许仙勇斗法海，作法水漫金山的故事为世人所熟知

便施以"顿摄骤雨"之法，借许仙小舟避雨，并以伞为媒与许仙结为夫妻。婚后，夫妻二人经营一家医馆，济世救人，非常恩爱。镇江金山寺高僧法海告诉许仙其妻乃是蛇妖，并度许仙出家。白娘子寻至金山寺，要求法海放许仙回家，法海不允。白娘子一怒之下，不顾双方力量的悬殊，"为了俺意中人将你命轻抛"，冒着生命危险与法海决一死斗。她命令众水族："与我把水势大作，漫过金山，救俺官人便了。""水斗"这场戏，让白娘子这个多情、勇敢、善良、可爱、坚贞的女性形象更加突出，她为了爱不屈不挠的顽强斗争精神让人不由得心生敬佩。但白娘子水漫金山也没能救出许仙，反被法海收于钵盂之中，永镇于雷峰塔下。

这段发生在西湖上的浪漫故事，使杭州和西湖都具有了丰厚的文化内涵，形成了断桥、雷峰塔等自然文化景观。剧中《借伞》《断桥》等名段，多次被搬上戏曲舞台，盛演不绝。

水浒英雄，智斗渔霸——京剧《打渔杀家》

《打渔杀家》是京剧中的著名剧目，又名《讨渔税》，取《水浒后传》中李俊故事改编而成。故事的主角是梁山好汉阮小七，梁山众弟兄随宋江归顺朝廷后，他不愿意被招安，便改名萧恩，与女儿桂英以打渔为生。萧桂英与花荣之子花逢春订了亲，花家送聘礼庆顶珠一颗（顶在头上入水，可以避水开路）。后因"天旱水浅，鱼不上网"，萧恩欠下了恶霸丁自燮的渔税。一日，故友李俊、倪荣来访。三人在舟中饮酒时，丁府派人前来催讨渔税，李、倪二人抱打不平，出言顶撞了丁府恶奴。丁自燮闻报大怒，便派打手到萧恩家强索渔税。萧恩忍无可忍，一怒之下动起武来，把恶奴们打跑了。但萧恩知道丁府定不会善罢甘休，就抢先一步到官府状告渔霸丁自燮。但丁府与官府沆瀣一气，县官吕子秋不问是非曲直，反将萧恩杖责四十，并命他连夜过江到丁府赔罪。萧恩一世英雄，哪肯受这种屈辱，既然祸事临头已经避无可避，便一不做二不休，带着女儿以献庆顶珠为名，夜入丁府，杀了丁自燮全家后远走他乡。

全剧深刻揭露了封建统治的黑暗现实，歌颂了被压迫人民的反抗精神与不屈斗志。渔民靠水吃饭，风里来雨里去，在浪涛里讨生活，靠着微薄的收入勉强糊口。萧恩年迈，女儿桂英劝道："这河下生意不做也罢。"萧恩无奈又辛酸地说："本当不做这河下的生意，怎奈囊中无钞，怎生度日呀。"凄苦之语说得桂英落下泪来。可这样穷苦的日子也过不下去了，萧恩父女只好铤而走险，踏上逃亡之路。

书生侠义，得配龙女——越剧《柳毅传书》

《柳毅传书》，是依据唐代李朝威《柳毅传》改编的戏剧经典剧目，讲述了一个浪漫的神话爱情故事。

唐高宗仪凤（676—679）年间，儒生柳毅到京城长安应试，结果名落孙山。他打点行装，骑着马踏上了回乡之路。因为想起有同乡在泾阳县（位于陕西省中部）客居，便

《柳毅传书》讲述了儒生柳毅出于义愤为龙女入湖传信,最终与龙女结为伉俪的故事

前往辞别。刚走了六七里,忽然群鸟飞起,马匹受了惊,向前狂奔了六七里才停下来。这时,只见一位美貌的牧羊女在泾河边不住悲啼,柳毅感到奇怪,便上前询问,牧羊女含泪讲述了自己的悲惨遭遇。原来,她是洞庭湖龙王的女儿三娘,嫁给泾河小龙为妻,本想着与夫婿举案齐眉,谁知丈夫到处放荡取乐,对她不闻不问,日渐厌弃。无奈之下,龙女只好求助于公婆,他们希望能够管教小龙,使之回心转意。可是公婆溺爱儿子,不仅不为她主持公道,还非常不耐烦,以至百般责骂,如今干脆把她赶到河边牧羊,有家不能回。三娘想托人带信给父母来解救自己脱离苦海,但洞庭湖离泾河路远山高,很少有人到那里去,根本无法传递音信,无法让家里人知道自己目前的凄凉处境。眼看着希望渺茫,也只能望着家乡的方向,终日以泪洗面。三娘今天见到柳毅,知道他要回湘滨去,就想托他带信给父亲洞庭君。柳毅听了龙女的叙述,顿时义愤填膺,承诺一定帮她达成

心愿，但他想到自己一介凡夫，一向只在陆地上来往，洞庭水深不可测，如何才能到达龙庭送信呢？龙女告诉柳毅，在洞庭湖的南岸，有一棵社橘，只要解下腰带，在树上敲三下，就会有人出来接应，跟着来人一直走，就可以毫无阻碍地进到洞庭湖底了。

一个多月后，柳毅回到家乡后，马上去洞庭湖边寻访。洞庭湖的南岸，果然有一棵社橘。他就换下腰带，在树上敲了三下。果然不一会儿有个武士便出现在波浪中，向他行了个礼问道："贵客刚从什么地方来的？"柳毅先不告诉他实情，说："我特来拜见大王。"武士分开水，对柳毅说："要闭上眼睛，很快就可以到了。"柳毅依照他的话，便到了龙宫。等柳毅睁开眼睛里，只见高楼林立，家家户户院子里栽种着奇花异草，与世间无异。武士让柳毅在灵虚殿等候，自己去请龙王。仔细观瞧，只见白璧做成的殿柱，青玉铺成的台阶，珊瑚制成的龙床，水晶串成的珠帘，琉璃装饰的门楣，琥珀装成的房梁，真是令人目眩神迷。

见到龙王后，柳毅拿出龙女的书信，讲明了来意。龙王看罢，不由得落下泪来，自责女儿在远方受苦，自己却毫不知情，感谢柳毅的仗义传书。龙王命人把三娘的书信送入内宅与夫人观看，不一会儿，内宅传出一阵哭声。龙王急忙吩咐让大家不要大声哭，小心被钱塘君听见。原来这钱塘君是龙女的叔父，性如烈火，因为解犯了天规，被玉帝用铁链锁在了龙宫里。哭声惊动了钱塘君，他听了事情的经过后勃然大怒，挣脱锁链，驾狂风飞奔到泾河，杀掉泾河小龙，并吞到了自己的肚子里，救回了龙女。

在答谢柳毅义举的宴席上，钱塘君看出侄女对柳毅有意，便令柳毅与之成婚。柳毅传书乃激于一时义愤，对龙女并无私心，再加上不满钱塘君的蛮横无理，遂严辞拒婚，归家而去。柳毅的义举与不求回报，使得三娘对他的爱慕之心更添三分，于是发誓非柳毅不嫁。为了能与柳毅成亲，她并与父亲洞庭龙王化身渔家父女，自称范阳卢氏，在柳毅邻里居住，几番波折之后，二人结为伉俪，成就了一段佳话。

《柳毅传书》是一个与洞庭湖有关的浪漫传说，后人为纪念这段美好的爱情故事，在洞庭湖畔修了一口井，取名"柳毅井"。站在这里，可以看见洞庭湖面浩渺的烟波，以及嬉嬉钓叟、渔歌唱晚的美丽风景。

只羡鸳鸯,双飞人间——越剧《追鱼》

越剧《追鱼》讲述了一段荡气回肠的人鱼爱情故事:

北宋仁宗嘉祐(1056—1063)年间,应天府(今河南省商丘市)书生张珍之父与开封府金牡丹小姐之父金丞相是同窗好友,两家为永结同好,便指腹为婚,订下婚约。张珍的父母不幸去世,家道中落,他便投靠岳父,每日用功读书,希望在大举之年能考取个功名。

金丞相嫌贫爱富,见张珍衣衫褴褛,非常不高兴,有心悔婚,又怕被落下背信弃义的骂名,只好勉强收留了张珍,并以"金家三代不招白衣婿"为由,让他居住在后花园的碧波潭畔的草庐里,婚姻之事绝口不提。

张珍亲亡家败,客居异乡,遭受岳父及其家人白眼,又不知金牡丹小姐对二人关系

《追鱼》讲述了张珍与鲤鱼精的爱情故事。"妖比人有情",是这类戏曲的不变主题

态度如何，心中不免烦闷。满腹心事，愁肠百转，但又无人可以倾诉。每当夜深人静的时候，他就到碧波潭边，对着微波荡漾的潭水诉说心事，说到伤心处泪水涟涟，惊动了水里的鲤鱼精。鲤鱼精经过细心观察，十分同情张珍的遭遇，又喜其老实敦厚、质朴善良，爱其一表人才、学识渊博，有心与他交往，于是心生一计，变成金牡丹的模样，每日二更到书房中与张珍相会。

天长日久，张珍与鲤鱼精的感情越来越好，一刻也不愿意分离。但是好景不长，元宵节这天晚上，金府梅花盛开，金丞相感叹可惜无人题诗咏梅，仆人提议让后苑碧波潭的张相公前来题诗，惹得金牡丹非常不快，金母便让丫环服侍小姐去赏玩梅花散心。张珍正好也到花园中为鲤鱼精折梅，看到金牡丹便上前叫"娘子"。金牡丹吓得急忙后退，并连叫："捉贼呀，捉贼呀！"喊声惊动了金丞相，他正好借机把这个胆敢调戏女儿的登徒子赶出了金府。

鲤鱼精见张珍含冤而去，急忙追随而去，通过一番解释，二人和好，并一同到大街上观赏花灯。金丞相正好也在观灯，张珍和鲤鱼精看到他慌忙逃走。金丞相误以为是自己女儿金牡丹被张珍勾引私奔，败坏了门风，命令家丁将两人抓回金府。真假两位牡丹小姐见面，都声称自己才是真的。金丞相夫妇无法分辨谁才是自己的女儿，便请包公带着斩妖剑来辨别真假。鲤鱼精见势不妙，赶回碧波潭，请水府众师兄帮忙。水府师兄们变作假包公、张龙、赵虎、王朝、马汉，与真包公等人在金府相遇，共同审理真假牡丹一案。为了辨别真假牡丹，包公施巧计，要把张珍革去秀才，重打四十大板。鲤鱼精为了张珍怒斥包公办案不公，金牡丹却无动于衷。包公有感于鲤鱼精的有情有义，对金丞相父女的无情无义心怀不满，不忍拆散一对有情人，便对金丞相说："斩妖剑虽利，不斩无罪之妖。"说罢拂袖而去。

金丞相又请圣旨让张天师前来捉妖。张天师调动天兵天将捉拿张珍和鲤鱼精，二人逃到了荒郊野外。听到阵阵天鼓声，鲤鱼精知道天兵不久就会追到，情急之下把自己的真实身份告诉了张珍。天兵天将杀到了，鲤鱼精发动洪水阻拦，但无济于事。正在紧急关头，南海观音出现，拔掉了鲤鱼精身上的三片金鳞，使她变为凡间女子，与张珍永结同心。

这又是一个人妖相恋的故事，妖比人有情，是这类戏曲的不变主题。正所谓"江湖皆网罟，鱼龙失所依"，故事的背景设定在碧波潭边，水府的寂寥与张珍的处境有着相似之处，正如戏中所唱的那样："鲤鱼，鲤鱼呀，你那里凄凉水府，我这里寂寞书房，我白衣，你未成龙。"同样的境遇，让人与鱼不由得惺惺相惜。鲤鱼精是一位不输于白娘子的奇女子，她因为爱慕张珍的"才华绝世、心真纯"，宁可丢了千年道行，离了蓬莱仙境，到红尘之中与张珍同甘共苦、生死同命。正因为有着坚贞的爱情信念，鲤鱼精才忍着无边的剧痛拔下三片金鳞，"换一个自由自在身"，与心爱的人生活在一起。可以说，鲤鱼精的形象与安徒生童话里的小人鱼一样，为了爱情可以牺牲一切。所不同的是，鲤鱼精爱上的是一个平民，所以拔去金鳞变作凡人后能够彼此相爱，白头到老。而爱上王子的小人鱼呢，忍着在刀尖上行走的痛，割开了鱼尾，在成全了爱人之后，自己化作了海上的泡沫。同样的故事，不一样的结局，但这些与人鱼有关的爱情故事，会永远留在人们的记忆中。

碧莲池畔，际会仙女——黄梅戏《牛郎织女》

传说在天庭上，牵牛星与织女星互生情愫，但专横的王母不许二人相爱，并把牵牛星与金牛星一同贬下凡间，化身为牛郎和老牛，织女星也被锁进了云房。一天，织女星趁王母出巡时，和众姐妹同到人间的碧莲池戏水，与被老牛引来的牛郎相遇，两人结为了夫妻，过着男耕女织的幸福日子，并生下了一双可爱的儿女。王母发现织女偷下凡间，立刻派天兵天将前来捉拿。老牛帮牛郎披上牛衣，带着子女去追织女，眼看着就要追上了，王母拔下头上的玉簪，在二人之间划下一道银河，一对有情人就这样只能隔河相望，只被允许一年中相见一次。从此，每年农历七月初七，人间的喜鹊会全部飞到银河，用身体搭起一座鹊桥，让牛郎织女能够相会。因为这个美好的传说，七月初七这一天，被中国老百姓称为"七夕""乞巧节""少女节"或"女儿节"，现代更被人们叫做中国的"情人节"。

《牛郎织女》讲述的美好佳话,正是我国"七夕""乞巧节"的由来

牛郎织女在人间的初次相遇发生在美丽的碧莲池边,其中众织女有这么一段唱:"水似碧玉盘,山镶翡翠边。出水红莲朵朵鲜,人间美景胜天上,学游鱼、戏碧莲,水底翩翩。"面对如此美景,再想想天庭的冷寂,纵使没有前世姻缘,织女也会动思凡之心的。

爱恨悠悠,覆水难收——京剧《马前泼水》

西汉武帝年间,满腹经纶的朱买臣家境贫寒,入赘本地刘二公家为婿,以打柴为生。朱买臣酷爱读书,经常挑着柴吟诵诗文,被乡邻称为书痴,每次他挑柴去卖,都有人跟在后面调笑,但他毫不以为意,但妻子刘氏再也不能忍受这种清贫的生活了,看着丈夫那副穷酸的样子,她开始冷嘲热讽,后来发展到恶言辱骂。面对越来越尖酸刻薄的妻子,朱买臣只有好言相劝。一天,大雪纷飞,朱买臣无法砍柴,两手空空地进了家门,妻子一见，上来一顿责怪，并一再索要休书。朱买臣说自己已经四十多岁了，将来一定能够出人头地，希望妻子能忍一时之贫，再等几年，日后富贵之后定将厚报。但刘氏认定朱买臣一辈子也不会有什么出息，一定要休书。万般无奈之下，朱买臣只好写下休书，冒着大雪出门求官。

《马前泼水》正是"覆水难收"一词的由来，形容夫妻关系破裂，难以挽回

几年后，在司徒严助的举荐下，朱买臣受到了汉武帝的召见，出任家乡会稽郡太守。前妻刘氏听闻此事，登门认错，想重续夫妻缘分。朱买臣把一盆水泼在地上，说如果要重修旧好，除非刘氏能把地上的水全部收起来。后在好友王安道和岳父刘二公的劝说下，夫妻二人和好如初。

"马前泼水"的故事出自《汉书·朱买臣传》，又被称为"买臣覆水""覆水难收"。但《汉书》中朱买臣并没有马前泼水的行为，这个词语的出现是在明代，因传奇剧《烂柯山》而得名，多用来比喻夫妻关系破裂无法挽回。在这里日常生活中的"水"，有了不一样的意义，把故事情节推向了高潮。试想，当刘氏看着前夫用力泼在地上的那盆水，溅在自己的鞋子和裙裾上，该是多么羞愧难当！

情比金坚，以水为证——淮剧《蓝桥会》

韦郎保和贾玉珍是集贤庄上的邻居，二人自幼青梅竹马、情投意合。后来不幸遭遇兵乱，韦郎保和贾玉珍走散了。贾玉珍被人拐卖到蓝家做童养媳，并改名为蓝玉莲。公婆心肠歹毒，丈夫年幼，可怜的玉莲在蓝家受尽折磨。支撑玉莲活下去的唯一信念就是一定要见到韦郎保。但日复一日，年复一年，心上人却毫无音讯。

一天，蓝玉莲挑着一担水来到蓝桥上，与一男子相遇，觉得对方非常眼熟。男子向玉莲讨水喝，两人互道名姓，才知道对方正是失散已久的恋人。玉莲与郎保久别重逢，不由抱头痛哭，当下约定：晚上三更时分，在蓝桥相会，一同远走高飞。夜晚，韦郎保应约来到蓝桥等候玉莲，但山洪突然暴发，大水漫过了蓝桥。韦郎保怕玉莲来后找不到自己，便紧抱着蓝桥栏杆，不肯离去。待蓝玉莲赶到蓝桥时，眼睁睁地看着韦郎保被洪水淹没。玉莲不肯独活，也纵身跃入水中，与郎保共赴黄泉。

我们常常用"魂断蓝桥"来形容夫妻或恋人在一方失约或去世，另一方殉情。据《西安府志》记载，"蓝桥"在陕西蓝田县的兰峪水上。《庄子·盗跖》讲了这么一个故事："尾生与女子期于梁（桥）下，女子不来，水至不去，抱梁柱而死。"《史记·苏秦列传》里也有这个故事，后来这段经过大水考验的爱情在民间广为流传，这出淮剧《蓝桥会》正是根据这个传说改编而成的。

淮剧传统剧目《蓝桥会》凄美的故事情节堪称中国的《魂断蓝桥》

第八章 尽收眼底——水与绘画

中国绘画艺术源远流长,独具一格。山水画的本质体现为人与自然的审美关系和审美追求,以表现水景为主要内容的占有相当大的比重,如滚滚东去的长江黄河,碧波万顷的湖泊池水,灵动活泼的飞瀑,以及潺潺流淌的溪涧温泉,都是山水画家们乐于纵笔的对象。与西方绘画追求"实境"不同,中国画家更强调"虚境",用"参悟"和凝神的方式来领悟自然之美,用"高深""平远"来体味山水的意境,营造如同雾里看花、月下观景般朦胧虚幻的水墨情境。

汉代画像砖《采莲图》

在群星璀璨的中国美术星空中,汉代画像砖艺术为中国绘画艺术的发展起了一个适合国人审美意境的绘画基调,在中国山水画发展史上之地位举足轻重。

四川德阳出土的汉代《采莲图》画像砖,是一幅具有独特审美价值的山水画作品。一池碧水,莲叶田田,水鸭游鱼,一叶小舟穿梭其中。生动鲜活的画面令人不由得想起汉乐府《相和曲》的精彩描述:"江南可采莲,莲叶何田田,鱼戏莲叶间,鱼戏莲叶东,鱼戏莲叶西,鱼戏莲叶北。"以及唐代诗人王昌龄的《采莲图曲》:"荷叶罗裙一色裁,芙蓉向脸两边开。乱入池中看不见,闻歌始觉有人来。"还有宋代李清照的《如梦令》:"常记溪亭日暮,沉醉不知归路。兴尽晚回舟,误入藕花深处。争渡,争渡,惊起一滩鸥鹭。"

秀骨清像,妙写洛神——魏晋南北朝的山水画

魏晋南北朝时期没有真正意义上的山水画,但已经开了山水画的先声,如顾恺之的

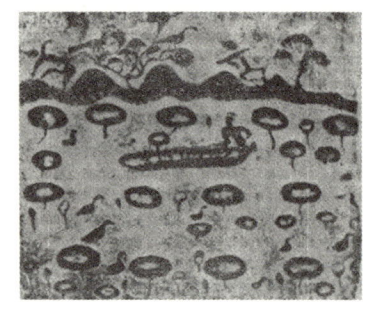

汉代《采莲图》画像砖,碧水莲叶,栩栩如生

《洛神赋图》，虽是人物画，用了大量的山水为背景展开，是以"水"为表现对象的先驱之作。

《洛神赋图》取材自曹植的《洛神赋》，刻画了鲜活生动的人物形象，描绘了洛水优美的自然风光，充满动感，富有诗情画意之美。

全卷共画4段，第一段描绘曹植在洛滨初会洛神，第二段描写洛神与曹植彼此倾慕，第三段刻画他们在云车、轻舟上互赠礼物、互诉衷情，第四段描写曹植满怀惆怅踏上归途。在这幅场景之中，洛水既是故事的背景，又是故事的主线，虽然有"水不容泛，人大于山"的特点，但正是因为有了对洛水的生动描绘，才使整幅画卷连贯通畅，人物鲜明生动，从而感人至深。

晋顾恺之的《洛神赋图》，此为宋代摹本

青绿山水，细说幽情——隋唐五代山水画

山水画在隋唐时期发展成为了一门独立的画种，形成了两种不同的风格：一种是青绿山水，代表画家如展子虔，李思训、李昭道等。隋代画家展子虔的著名作品《游春图》，以青绿勾填法描写山川、人物，树木直接用粉点染，体现出朴拙而真切地描绘自然景色的能力，展示出山水画已经由六朝以来的萌芽状态而趋向于成熟；另一种是水墨山水，代表画家有王维、张璪、王墨等。盛唐期间，山水出现重大变革。王维是著名诗人，同时又是影响深远的山水画家，他提倡以诗入画，诗画一体，对山水画的变革做出了重大贡献。苏轼评价他的作品称"味摩诘之诗，诗中有画；观摩诘之画，画中有诗。"

五代时期山水画家深入自然，创造了真实生动的北方重峦峻岭和南方的秀丽风光。北方以荆浩、关仝为代表，南方以董源、巨然为代表，形成两种不同的风格和画派。五代著名的山水画家还有赵干、卫贤及以画楼阁屋宇的"界画"著称的郭忠恕等。

王维的这幅《雪溪图》充满了文人气息，虽然是冰天雪地，但观之却有一丝暖意：木叶凋零，茅屋闲话，一叶篷船溪上行，干净的木拱桥、结冰的河面，河对岸雪坡、树木、

唐代王维《雪溪图》

五代关仝《山溪待渡图》

房舍，全都掩映在白雪之中，意境清幽，可使观者摒除心中杂念，静下心来聆听雪花飘落和人们的欢声笑语。

在王维的画中，水化作了雪，凝成了冰，但谁又能否认，在这表面下，有着汹涌的暗流呢？

《山溪待渡图》是五代画家关仝的代表作，风格豪放，画风硬朗，画中的景色具有鲜明的北方特点：山峰矗立，飞瀑直泻，烟林掩映下的冈阜、楼阁，迷蒙清幽。淙淙的溪流与奔腾的瀑布形成鲜明的对比，两种不同的水流形成强烈的视觉冲击。

赵干的这幅《江行初雪图》描绘的是长江沿岸渔村初雪的情景。画面上对岸皑皑白雪下尚有几树绿色，江水微澜，雪花点点，寒风料峭，骑着驴的行人脚步迟缓，而渔夫却已经在赤脚捕鱼了。全卷色彩淡雅，意境幽远，流水无言，却蕴味无穷。

五代南唐赵干《江行初雪图》局部

赵干，江苏江宁人，生卒年不详。五代十国南唐后主李煜期间（961—975年）为画院学生，擅画山水、林木、人物，长于构图布局。所画皆江南风景，多作楼观、舟楫、水村、渔市，点缀花竹，表现"烟波浩渺、风光明媚"之山光水色尤具独到。

董源的《潇湘图卷》以平静无波的空阔水面为背景，描绘了一幅潇湘迎客图：一叶小舟自远方而来，岸边的人们纷纷向前，视线所及，山色葱茏，密林之中掩映着几家茅舍，还有渔人在张网捕鱼，一切都是那么生机勃勃，充满平淡天真之趣。

五代南唐董源《潇湘图卷》局部

董源（？—962），字叔达，钟陵（今江西进贤）人，五代南唐杰出画家。曾出仕南唐，擅画山水，多作江南景色，平淡天真，开创了江南山水画的新风貌。

水墨丹青，巧绘山水——宋代山水画

北宋王诜《溪山秋霁图》

王诜的《溪山秋霁图》表现了秋日雨后山野的秀丽风光，群山连绵起伏，小溪自山间迤逦而出，江水浩渺空阔，景随心变，意象万千，正是宋人所谓"可游可居之景"，引人入胜。

王诜另一幅画作《烟江叠嶂图》描绘重山叠嶂、烟雾弥漫的大江，云气蒸腾，草木郁郁，水润山色，山送水远，一片盎然生机，恍若人间仙境。

北宋王诜《烟江叠嶂图》局部

王诜（北宋）字晋卿，太原人。娶英宗女蜀国大长公主，拜左卫将军，驸马都尉。工书画，画山水学李成、郭熙，清润可爱，自成一家。

苏东坡在朋友王定国处观看了他收藏的王诜这幅画后，写下了一首《书王定国所藏烟江叠嶂图》诗：

江上愁心千叠山，浮空积翠如云烟。山耶、云耶远莫知，烟空云散山依然。但见两岸苍苍暗，绝壁中有百道飞来泉。萦林络石隐复现，下赴谷口为奔川。川平山开林麓断，小桥野店依山前。行人稍渡乔木外，渔舟一叶江吞天。使君何从得此本？点缀毫末分清妍。不知人间何处有此境，径欲往买二顷田。君不见，武昌樊口佳绝处，东坡先生留五年。春风摇江天漠漠，暮云卷雨山娟娟。丹枫栖鸦伴水宿，长松落雪惊昼眠。桃花流水在人世，武陵岂必皆神仙？江山清空我尘土，虽有去路寻无缘。还君此画三叹息，山中故人招我归来篇。

南宋米友仁《潇湘奇观图》局部

《潇湘奇观图》是米友仁山水画的代表作，重在表现云雾苍茫、峰峦起伏的山水胜景，山石和树木被水气笼罩，影影绰绰的远山如同淡墨染成，呈现出造化钟神秀的奇妙韵致。

米友仁（1086—1165），字元晖，自称懒拙老人。米芾长子，世称"小米"。官至兵部侍郎、敷文阁直学士。工书善画，承其父法，稍加己意，略有所变。常自题"墨戏"二字。

米友仁在画卷自识中写道："先公居镇江四十年……作庵于城之东，高冈上以海岳命名，卷乃庵上所见山……余生平熟潇湘奇观，每于登临佳胜处，则复写其真趣。"由此可知，此图虽名曰"潇湘奇观"，但并非画湘水景观，而是对镇江山水的写照。

《清明上河图》是北宋张择端的传世名作，我们选取了其中一段来感受其艺术魅力。虹桥下水流和缓，桥上挤满了各色人等，有挑担的，有骑马的，也有赶脚的，河面上有来往的船只，汴河两岸繁忙而有序的景象如在眼前。

北宋张择端《清明上河图》局部

李唐（1066—1150），南宋画家。字晞古，河阳三城（今河南孟县）人。初以卖画为生，宋徽宗赵佶时入画院。南渡后以成忠郎衔任画院待诏。擅长山水、人物。与刘松年、马远、夏圭并称"南宋四大家"。存世作品有《万壑松风图》《清溪渔隐图》《采薇图》等。

南宋李唐《清溪渔隐图》

《清溪渔隐图》描绘的是浙江钱塘一带山区的夏季雨后景色，一条清溪汇入茫茫的湖水，茅屋、小桥静静立于湖面之上，芦苇丛中有一老翁独自垂钓，营造出静谧、安宁的艺术氛围。

夏圭的《西湖柳艇图》入目可及的就是大片的湖水，细看之下，有木桥横溪，屋宇井然，酒旗招展，柳梢晃动，小船轻摇，远处烟雾迷蒙，天空微云飘荡，一切都是那么生动活泼，充满生活气息。

天空用淡墨染出浮动的白云，与烟雾迷蒙中的远方树林相接，加强了气候特征。画柳枝的笔法劲健，密而不乱，节奏感甚强，颇得真实之美。岸边有游船停泊，水上小舟来往，近处柳梢上露出酒旗，都表现了这南都湖上春光的佳胜。

南宋夏圭《西湖柳艇图》

夏圭（生卒年不详），南宋画家。字禹玉，临安（今浙江杭州）人。早年画人物，后来以山水著称。他与马远同时，号称"马夏"。宁宗时任画院待诏，受到皇帝赐金带的荣誉。他的山水画师法李唐，又吸取范宽、米芾、米友仁的长处而形成自己的个人风格。传世作品有《溪山清远图》《西湖柳艇图》《雪堂客话图》等。

马远的这幅《秋江渔隐图》视角独特，一改山水画中人物如豆的绘画方法，把视线拉近，让观者看清老翁抱桨酣睡的表情、姿态，他的眉目清晰可见，仿佛可以听见他的打呼声。周围有几枝芦苇在轻轻摇曳，四下无人，水波不兴，景色宜人。

马远（约1140—1225），南宋画家。字遥父，号钦山，原籍河中（今山西永济），寓居钱塘（今浙江杭州）。出身绘画世家，南宋光宗、宁宗两朝画院待诏。擅画山水、人物、花鸟，喜作边角小景，世称"马一角"。人物勾描自然，花鸟常以山水为景，情意相交，生趣盎然。与李唐、刘松年、夏圭并称"南宋四家"。存世作品有《踏歌图》《水图》《梅石溪凫图》《西园雅集图》等。

马远以风格清雅秀逸的山水画著称于世，这幅《水图》是他专意画水的唯一作品，有着很高的艺术价值。《水图》共有十二段，每段纵26.8厘米，横41.6厘米，北京故宫博物院收藏。这十二段作品从不同角度表现了水的千姿百态，风平浪静的湖水、波心微漾的溪流、波涛汹涌的大海，以及粗犷澎湃的黄河，波澜壮阔的长江，或温婉，或缠绵，或剔透，或翻腾咆哮、怒卷霜雪，营造出了气象万千、引人入胜的风韵与意境。《水图》也是中国古代绘画史上完全画水的唯一作品。

马远《水图》十二段合裱成一卷，每幅均有南宋宁宗皇后杨氏题写图名，首幅缺半，故称无名图。

无名图：画中布满密密的细小波浪，水波舒缓，无风也无浪，湖面上一片静谧、安详

洞庭风细：微风细细，吹起了密密的波浪，湖面如镜，波光如鳞，无嗔无怒，远远望去，水天成一色，云影徘徊，洞庭浩渺，真令人人心旷神怡，物我两忘。

层波叠浪：汹涌澎湃的浪花卷起千堆雪，层层起落，奔腾呼啸，却并不使人心惊，反而给人一种神清气爽的感觉。

南宋马远《秋江渔隐图》

南宋马远《水图》（部分）

寒塘清浅：秋日寒塘，三两湖石在起伏的波纹中隐现，萧瑟之气毕现。

长江万顷：长江的万顷碧波如同柔顺温婉的女子，姿容沉静从容，在江风的吹拂下呈现出美丽的波纹，显得非常雍容大度。

黄河逆流：黄河之水咆哮着奔涌向前，湍流急下，水花四溅，巨浪腾空，犹如万马奔腾，挟雷霆万钧之势，有一种"黄河之水天上来，奔流到海不复回"的雄壮气势，摄人心魄。

秋水回波：秋风起兮云飞扬，静静湖面起轻波，秋水盈盈处，不知可有伊人在水一方？

云生沧海：这幅《云生苍海》景色奇特，远处云雾弥漫，一浪接一浪，后浪推前浪，仿佛可以听见滔滔的江潮声，震耳欲聋。

湖光潋滟：光影浮动间，柔波轻跳，湖水荡漾，似春风轻抚琴弦，如落花随波逐流，如此美景，不由使人想起"湖光潋滟晴方好"的诗句来。

云舒浪卷：云雾之中，浪花翻腾，洪波涌起，奏出雄壮的乐章，有一种阳刚之美。

晓日烘山：湖面在初升的太阳照耀下，闪起一片金光，晨雾尚未散去，轻绕远山，朦朦胧胧，惹人怜爱。

细浪漂漂：悠悠细细的波纹，充满着无限的柔情蜜意，静流的湖水与低翔的海鸥，一静一动，互相映发，显现出自然造化的勃勃生机。

渐入佳境，笔随心变——元代山水画

元代绘画以山水画为最盛，水墨山水，在元代画坛上占据了重要地位。元代山水画是继五代之后中国山水画的又一高峰，是中国古代山水画抒情写意一格的最高峰，为中国山水画增添了独具一格的美的形式。

元代赵孟頫《水村图》

元代曹知白《溪山泛艇图》

这幅水墨画《水村图》是赵孟頫的传世名作。画家用淡雅的笔墨描绘山秀水暖的江南之景：烟雨之中有渔舟出没，疏林之间有水村沙渚，如梦似幻，怎能不勾起文人的无边思绪？

赵孟頫（1254—1322），字子昂，号松雪道人，又号水精宫道人、中年曾作孟俯，汉族，吴兴（今浙江湖州）人。元代著名画家，楷书四大家（欧阳询、颜真卿、柳公权、赵孟頫）之一。特别是书法和绘画成就最高，开创元代新画风，被称为"元人冠冕"。

曹知白《溪山泛艇图》画面中水色明净，水鸟低飞，景色清旷，倪瓒题诗曰："云气四时多似雨，涛声八月大如雷。"

曹知白（1272—1355），元代画家。字又玄，贞素，号云西，人称贞素先生，华亭（今上海松江）人。曾任昆山教谕，后辞官隐居，读经书，好道教。为江南富族，庄园宽敞豪华而清幽，喜交结文人名士，家富收藏。擅山水，师法李成、郭熙，山石勾皴柔细，少渲染，笔墨早年秀润，晚年苍秀简逸，风格清疏简淡。有《寒林图》《疏林幽岫图》《群峰雪霁图》《溪山泛艇图》《双松图》等传世。

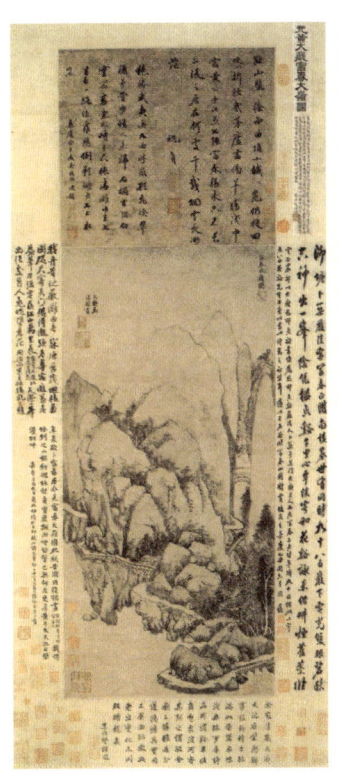

元代黄公望《富春大岭图》

元代吴镇《洞庭渔隐图》

黄公望《富春大岭图》山顶光洁明润，山腰石隙间树木茂盛。右侧绝壁幽涧，飞流直下，一桥悬空，连接左右两壁。左侧山腰上，一条山道在绝壁之间逶迤穿行，向山谷纵深方向延伸而去，路边山凹间树荫之下，数间客舍，掩映在山石之后。逶迤的山道，下临江面，江水平静，绕着绝壁缓缓流动。不同的"水"出现其中，如近处的江水，远处的深涧、飞瀑，衬托出富春大岭的伟岸秀雅。

清代钱杜在《松壶画忆》中记载："大痴《富春山图》有两本，其一为《富春大岭图》，一为《富春山居图》。《大岭图》未见，《山居图》即是吴问卿所藏，病剧欲为殉，家人自火中夺出者。"《富春大岭图》曾一度失传，所以知名度不如《富春山居图》。

吴镇《洞庭渔隐图》图上题词一首："洞庭湖上晚风生，风揽湖心一叶横。兰棹稳，草花新。只钓鲈鱼不钓名。"

这是吴镇六十二岁的作品，描绘嘉兴东洞庭的湖山景色，画中三株松柏，两株松树挺立昂扬，一株柏树则几乎仆地，缠满藤蔓，水面平静无波，一叶扁舟飘荡其间，远望是连绵的山坡，充分发挥水墨氤氲的特性，画出了江南水滨的静美幽澹，表达了宁静淡泊的心境，具有一种典雅的韵致。

吴镇（1280—1354年），浙江嘉兴人。善画山水与花竹，与黄公望、倪瓒、王蒙，被合称为元代的四大画家。

元代赵雍《澄江寒月图》

赵雍《澄江寒月图》为纨扇页，绢本，设色，纵：25.5厘米，横：24.8厘米，辽宁省博物馆珍藏。

赵雍（1289—约1360），字仲穆，吴兴（今浙江湖州）人，赵孟𫖯次子，善书画，精鉴赏。其画能承家法，擅人马、竹石及山水。

此图描绘的是寂静的冬夜，一轮皓月当空，远山在云雾中连绵起伏，苍茫浩渺的江面中停泊着一叶孤舟，在巨石枯树的映照下显得更加孤寂冷清，散发出空旷寒峭的清冷气息。

倪瓒《雨后空林图》展现出雨后的山岭湿润清冷，细细地飞瀑穿石而下，跌落山脚，林间茅屋静寂，一条小溪蜿蜒流动，上有一座石板小桥，却渺无人迹。整幅画面营造出一种野逸的意境，仿佛一股清凉之气扑面而来。

倪瓒（1301—1374），元代画家、诗人，初名王廷，后字元镇，号云林子、荆蛮民、幻霞子等。

在王蒙《丹山瀛海图》中，片片船帆映衬得海水的更加浩渺无边，岛屿参差林立，重峦叠嶂，密林掩映着几间楼宇，小小的栈桥横跨水面，与险峻的山峰、浩瀚的海潮形成了强烈的对比。

王蒙（1308—1385），元代画家、字叔明，号香光居士，湖州人。其山水画受外祖父赵孟頫的直接影响，后来进而师法巨然、董源等人，综合出新风格。

元代倪瓒《雨后空林图》

元代王蒙《丹山瀛海图》

浓墨重彩，炫夺眼目——明代山水画

明代为中国山水画最为鼎盛的时期，画派林立，画人无数。有"浙派"、"吴川派"、"华亭派"等等，《明画录》就载有四百多位山水画家，构成了明代山水画的盛世，也使得明代的山水画在中国绘画史上得到了超常的发展。

戴进《风雨归舟图》选取了一个非常具有画面感的瞬间，狂风骤起，暴雨从天而降，平静的江面陡起风波，逆水小舟在滂沱的大雨中颠簸动荡，岸边枝叶、芦苇随风翻飞，好一幅充满的动感的风雨山水图！

戴进（1388—1462），字文进，号静庵，又号玉泉山人，杭州人。画在明代中叶影响较大，是"浙派"创始人。

沈周《灞桥风雪图》中，漫天风雪中，一位老者骑驴走在小桥之上，雪紧路滑，驴子后腿微滑，忙放缓脚步，小心前行。远处萧索的寒山，近处光秃的林木，桥下结冰的水面，意境萧寒清幽，使整幅画看起来寒气逼人。

明代戴进《风雨归舟图》局部

《雪溪放舟图》是钟钦礼的代表作，深得雪骨水韵之奥妙。画中远山白雪皑皑，疏林中露出茅屋的一角，蒸腾着寒气的溪流中，一位渔人在用力地撑篙，为凄清的山谷增添了动感和一丝暖意。

钟钦礼（生卒年不详），号会稽山人，浙江上虞人。画山水纵笔粗豪，横刮外强，学戴进而有变化。是内廷画师中的翘楚。

明代沈周《灞桥风雪图》

明代钟钦礼《雪溪放舟图》

《江阁远眺图》是王谔的代表作,曾被明内府收藏。画中一位白衣秀士携童仆立于水榭江阁之上极目远望,水空天阔,天水相接,云雾缭绕的大江浩渺无际,对岸峰峦影影绰绰,山岚绕城,商船参列,在浓郁的水汽中整装待发。此情此景,不由使人想起"移舟泊烟渚,日暮客愁新"的诗句。

明代王谔《江阁远眺图》

王谔,字廷直,浙江奉化人。擅山水画,学南宋马远的画法。

展开吴伟的《江山渔乐图》,入目可及的便是一条弯曲绵延到天边的大江,以及江面和江边众多的渔船,充满浓郁的水乡气息。渔民们风里来水里去,饱经风霜,粗衣麻鞋,居无定所,日子非常艰辛,但在画家笔下,他们过得多么悠闲自在、自得其乐啊。

明代吴伟《江山渔乐图》

明代周臣《春山游骑图》局部

明代文徵明《古木寒泉图》

吴伟（1459—1508）明代著名画家。字次翁，又字士英、鲁夫、号小仙。

《春山游骑图》为周臣山水画的代表作。它所表现的内容并无多在新意，属于传统的春游、山行题材，但与以往画作中的荒寂之景相比，色调要明亮欢快得多，发自内心的喜悦之情跃然纸上。试想一下，在一个风和日丽的明媚春日里，骑行在翠色环绕的山间，看小桥流水，赏满树春花与巨松怪石，满目都是一派生机勃勃的景象，怎能不令人荣辱皆忘，有出尘之乐呢？

周臣（？—1535）明代中期著名职业画家。字舜卿，号东村，苏州人。擅长画人物和山水，画法严整工细。

文徵明的《古木寒泉图》显然非写实之作，画中景物均经过了画家的艺术化处理。从壁立绝项处飞流而下的瀑布惊心夺魄，与屈曲苍郁、直插云天的松柏相映成趣，具有一种别样的艺术魅力。

文徵明（1470—1559），原名壁，字征明。明代画家、书法家、文学家。汉族，苏州人。

唐寅《步溪图》绘奇峰壁立，云霭迷蒙。山脚平冈老树丛林，板桥溪流，山风飒飒有声，意境空旷荒疏。

唐寅的这幅《步溪图》色调明丽而不炫目，有一种清旷秀美的艺术格调。画中两人皆宽袍大袖，神态安然，其中一人在溪石之上缓步而行，岸边一行迎风而立，衣袂翩然，俊逸出尘。

右上自题跋云："卜宅临溪上，开门近步头。渔樵通互市，耕钓是贻谋。山晓青排闼，波晴绿漾舟。主君朝学海，枕石漱清流。姑苏侍生唐寅作《步溪图》并题奉呈黎老大人先生。"

唐寅（1470—1524）明代著名画家、文学家。字伯虎，号六如居士。苏州吴县人。

吴中四才子之一。其作品以山水画、人物画闻名于世。

仇英《莲溪渔隐图》是青绿界画，但却突破了界画的限制，在工细严谨中透出一种自然潇洒的意趣，于色彩艳丽中蕴藏着清旷温润的格调。大片的溪水，成荫的绿树以及远处秀气的云山，构成了一个清幽的隐逸世界。

仇英（1498—1552），明代画家，擅长画人物、山水、花鸟、楼阁界画尤长于临摹。

居节《潮满春江图》水汽很足，中部大片白茫茫的江水，突出了一个"满"字。远处云岚绕山，近处沙渚坡岸，野树参差，水涨舟浮，意境清旷，颇有野趣。画家自题七绝一首："潮满春江澹不流，东风扇暖柳初柔。夕阳遥见青山色，吹破浮云落小舟。"正是画意妙解。

居节（1524—1585），明代画家，字士贞，号商谷，西昌逸士，苏州人。少从文徵明游，书、画入室弟子。山水画法简远，有宋人之风。

明代唐寅《步溪图》

明代仇英《莲溪渔隐图》

明代居节《潮满春江图》

清代傅眉《山水图》

不拘成法，文人画水——清代山水画

在清代，山水画是十分发达的画科，风格多样，流派纷呈，且清代山水画沿承前代画法特点，同时又出现了较多独具一格，不拘成法，颇有创造精神等新的变化。

傅眉《山水图》为册页，绢本，设色，纵20.6厘米，横22厘米。天津艺术博物馆藏。傅眉的这幅《山水图》稚拙之中藏着古雅，潭水潺潺流动，潭中石丘、凉亭、斜树，与岸上如烟的绿柳形成和谐的整体。

傅眉（1628—1683），清代画家。字寿髦，一作寿毛，一字竹岭，自号小蘖禅，山西阳曲人，明末清初著名书画家傅山之子。工诗，擅书画，亦能篆刻，篆刻师秦汉，尤精铜者。山水学父法，古朴而有真趣。

王翚《寒塘鸂鶒图》作于1662年的画作，画风清新自然，描绘的是江南寒塘小景：枯荷秋苇，草木稀疏，鸂鶒戏游，水色浸润，富有诗情画意。

王翚（1632—1717），字象文、石谷，号臞樵、天放闲人，始为专业画家，被荐入宫，为康熙皇帝绘《康熙南巡图》，颇受赞誉。

明末清初朱耷《松溪草屋图》

清代王翚《寒塘鸂鶒图》

朱耷《松溪草屋图》通过萧疏的寒林和峻拔的山峦，辽阔的水面，挺立的松柏，衬托出草屋的古澹朴拙。整幅画笔简意足，疏简灵动，尺幅却有千里之势。

朱耷（1626—1705），明末清初画家、书法家，其绘画对后世影响极大。佯狂嗜酒，工书，善画山水、花鸟、竹木，笔致纵恣，别具一格。

龚贤《秋水板桥图》描绘秋湖景色，石秀水润，草木尚未全部凋零，竹篱茅舍若隐若现，湖水无波，篷船静泊，四野无人，寂静无声。整幅画着色明润，意境空灵，表现了作者淡泊名利，远离尘嚣，追求内心宁静的高逸情怀。右上自识"秋水黄沙望平，板桥弱柳亦寄情，依稀有客长廊过，素女吹箫子晋笙"。

龚贤（1618—1689）又名岂贤，字半千，又字野遗，号半亩，又号柴丈人，昆山人。工诗文，善行草，源自米芾，又不拘古法，自成一体。

邹喆《云峦水村图》绘远处山峦层叠，云笼雾罩，近处杂树丛生，枝繁叶茂，山脚下沙渚上，渔舍错列，水波微澜，对岸晨雾轻绕，别有风致，一派江南水村的秀丽风光。设色明快，水色清朗，有一种清凉温润之美。

邹喆，生猝年不详，清代画家。字方鲁，江苏吴县人。出身绘画世家，山水工稳而

清代邹喆《云峦水村图》

清代龚贤《秋水板桥图》

清代萧晨《杨柳归牧图》

清代袁江《观潮图》

清代沈宗骞《竹林听泉图》

有古气，富简淡清逸之趣。

萧晨《杨柳归牧图》格调新颖，设色滋润有生气，十分自然。画面中远山笼罩在霭霭雾岚之中，江干老树枝丫参差，溪上一座独木桥，桥下是蜿蜒的河水，清澈可喜，牧人正在驱牛归家，一派祥、宁静的水乡景色，宛如世外桃源，真可谓"画中有诗"。

萧晨，生年不详，约卒于康熙中叶，字中素，号灵曦，扬州人，江苏昆山诸生。明巡抚永祚子。与翁叔元同时，隐居不仕，工诗，亦善画工笔山水、人物。善丹青。

袁江是"有清一代推为第一"的界画家，其《观潮图》即是一幅界画名作，描绘钱塘大潮的壮丽景色。图中远山雾遮云绕，近处危峰兀立，树木浓密，楼阁台榭立于山石之上，汹涌的潮水一览无遗，片片白帆乘风破浪，出没于滔滔的江水之中，江潮的波澜壮阔令人叹为观止。

袁江，字文涛，江都（今江苏扬州）人，擅长画山水楼阁，生平经历不详，大约活动于清康熙至乾隆年间，早年生活在扬州，传世作品有《东园图》《梁园飞雪图》《水殿春深图》。

沈宗骞《竹林听泉图》设色淡雅，清新可喜。图中翠竹掩映中一间茅屋，窗户敞开，屋里榻上一人静坐，正在凝神倾听溪间潺潺的山泉声。石上的青苔，澄净的泉水，以及山间的白云，装点出一个静谧、安详的人间仙境。

沈宗骞（1736—1820），字熙远，号芥舟，又号研湾老圃，浙江乌程（今湖州）庠生，乾嘉时人。画山水、人物、传神，无不精妙。

张釜《春流出峡图》画中题诗云："春流出峡图，仿李希古，丁丑冬戊寅春，江南瑞雪普遍，丰年之兆可征，巴蜀之雪可知矣。因拟唐人'巴国雪消春水来'句，作春流出峡图。"

由于是取唐人诗句入画,并非真山真水,所以色调较为浓重,着色也大胆热烈,峡间春水亮白炫目,衬得山石更加突兀险峻。

张崟(1761—1829)清代画家,字宝厓,号夕庵、夕道人,又号樵山居士、观白居士等,丹徒(今江苏省镇江市)人。善画花卉、竹石及山水,尤善画松。画风较细密,色彩雅致。从学者较多,有京江派(又作丹徒派)之称。有《山海长春图》等传世。

任颐《赤壁夜游图》依苏轼《赤壁赋》之意而作,形象地再现了苏轼携友乘舟夜游赤壁的情景。画中江水浩渺,横无际涯,岸边山峰危立,峻峭挺拔,清风徐来,水波不兴。一叶小舟顺流而下,舟中几人谈笑风生,饮酒谈天,十分惬意。全图用笔简洁,设色素雅,潇洒有致,别具情韵。

任伯年(1840—1896)名颐,清代浙江山阴人,故画面署款多写"山阴任颐"。儿时随父学画,十四岁到上海,在扇庄当学徒,后以卖画为生。所画题材,极为广泛,人物、花鸟、山水、走兽无不精妙。他的画用笔用墨,丰富多变,构图新巧,创造了一种清新流畅的独特风格,在"正统派"外别树一帜。

清代张崟《春流出峡图》

清代任颐《赤壁夜游图》

第九章 心声倾诉——水与音乐

水时而静谧祥和，时而灵动跳脱，时而叮咚悦耳，时而咆哮狂躁，而音乐的张力和流动，正好能把这种静与动，波澜不惊与波涛万丈完美地表达出来。可以说，音乐与水的结合，是中国水文化的一种重要表现。

巍巍高山，汤汤流水——《高山流水》

《高山流水》是中国十大古曲之一。先秦典籍《列子·汤问》中有着非常生动的描述：

伯牙善鼓琴，钟子期善听。伯牙鼓琴，志在高山。钟子期曰："善哉，峨峨兮若泰山！"志在流水，钟子期曰："善哉，洋洋兮若江河！"伯牙所念，钟子期必得之。伯牙游于泰山之阴，卒逢暴雨，止于岩下，心悲，乃援琴而鼓之。初为霖雨之操，更造崩山之音。曲每奏，钟子期辄穷其趣。伯牙乃舍琴而叹曰："善哉，善哉！子之听夫，志想象犹吾心也。吾于何逃声哉？"

元代王振朋《伯牙鼓琴图》局部

这段话的意思是说，琴师伯牙善于弹奏，樵夫钟子期则善于听音。一天，伯牙弹琴时，刚想到登高山的景象，钟子期就说："好啊！高耸的样子像泰山！"一想出现流水的景象，钟子期就说："好啊！宽广的样子像江河！"伯牙弹琴时所想到的，钟子期一定领会得到。有一次，伯牙在泰山的北面游玩，突然遇到了暴雨，他无法继续前行，在岩石边停下，不由悲从中来，于是操琴一曲以明心意。伯牙开始的弹奏如狂风暴雨，紧接着发出山崩地裂的声响。每次弹奏，钟子期都能究其根源之所在。伯牙无限感慨地对子期说："真好啊，真好啊！你听琴时所想到的，就和我弹琴时所想到的一模一样。我让我的声音隐藏在何处才能逃过你的耳朵呢？"传说钟子期死后，伯牙因失去知音，便摔琴断弦，终身不再操琴。后人便用"高山流水"比喻知己或知音，也比喻乐曲高妙。

《高山流水》原为一曲，自唐代以后，《高山》与《流水》分为两首独立的琴曲。其中《流水》一曲，曲谱初见于明代朱权《神奇秘谱》（成书于1425年）。管平湖先生演奏的《流水》曾被录入美国太空探测器"旅行者一号"的金唱片，并于1977年8月22日发射到太空，在浩渺的宇宙奏响中国之音。

云水苍茫，壮丽迷人——《潇湘水云》

《潇湘水云》是一首古琴曲，创作者是南宋古琴演奏家、作曲家、教育家郭沔。郭沔（1190—1260年），字楚望，浙江永嘉（今温州）人。琴坛浙派始祖，在整理旧谱、提倡创作、传授琴艺方面造诣颇深，为时人所推崇。他一生创作了大量古琴曲，传世琴曲有《秋鸿》《飞鸣吟》《吟沧浪》《春雨》《潇湘水云》《秋风》《步月》等，其中以《潇湘水云》最为有名。

郭沔中年时，在韩侂胄僚属张岩的门下做清客，整理韩侂胄祖传的古琴谱以及民间流传琴曲。后韩侂胄被杀，张岩被贬，元兵南侵入浙，临安失守，郭沔便移居湖南衡山，常在潇、湘二水合流处游航。每当远望九嶷山（潇水自九嶷山流过）为云水所蔽，见到云水奔腾的景象，便激起他对山河破碎、时势飘零的无限感慨，顿生满眼风雨、国家将亡之感，于是创作《潇湘水云》，寄托他对现实的黑暗与贤者不逢时的义愤和对祖国美

元代张远《潇湘八景图》之「远浦归帆」

好山河的热爱。

《潇湘水云》充满爱国思想，艺术性和技巧性都达到了很高的境界。曲谱最早见于明代朱权的《神奇秘谱》，共十段："洞庭烟雨、江汉舒清、天光云影、水接天隅、浪卷云飞、风起云涌、水天一碧、寒江月冷、万里澄波、影涵万象"。全曲情景交融，寓意深刻，飘逸的泛音使人如同进入碧波荡漾、烟雾缭绕的意境，犹如一幅远景山水画，被历代琴家公认为优秀的琴曲之一。

溪山夜月，梅影横江——《梅花三弄》

《梅花三弄》又名《梅花引》《玉妃引》，是中国著名十大古曲之一，也是中国传统艺术中表现梅花的上乘之作。全曲表现了梅花洁白，傲雪凌霜的高尚品性。因其结构上采用循环再现的手法，重复整段主题三次，故称为"三弄"。

据明代朱权《神奇秘谱》记载，此曲最早是东晋时桓伊所奏的笛曲。关于此曲，《世说新语·任诞》中有这样一段精彩描述：

明代杜堇《梅下横琴图》

王子猷出都，尚在渚下。旧闻桓子野善吹笛，而不相识。遇桓于岸上过，王在船中，客有识之者云："是桓子野。"王便令人与相闻云："闻君善吹笛，试为我一奏。"桓时已贵显，素闻王名，即便回下车，踞胡床，为作三调。弄毕，便上车去。客主不交一言。

因此，"梅花三弄"也被称为"桓伊三弄"，苏轼《昭君怨·送别》词云："谁作《桓伊三弄》，惊破绿窗幽梦。"后来此曲由笛曲改编成了古琴曲，传颂至今。

全曲共分十段："溪山夜月、一弄叫月，声入太霞、二弄穿云，声入云中、青鸟啼魂、三弄横江、隔江长叹声、玉箫声、凌云戛玉、铁笛声、风荡梅花、欲罢不能"。古琴伴随音色的变化，时而刚劲浑厚，时而圆润细腻，有"风荡梅花"的景象，也有"隔江长叹"的无奈，给人以"如泣如诉，如怨如慕"之感，给人以无尽的启迪与思索。

秋高气爽，风静沙平——《平沙落雁》

《平沙落雁》这首古琴曲，曲调悠扬流畅，描写秋高气爽，风静沙平的江边，雁群或在天际盘旋鸣唱的情景，或在沙滩上歇息，形成平沙落雁的奇观。意在借大雁的远大志向，抒写高人逸士的宽广心胸。

元代张远《潇湘八景图》之「平沙落雁」

此曲旋律起伏有致，绵延不绝；流畅静美，清新雅致；形象鲜明生动，别具一格。正如《古音正宗》所说："通体节奏凡三起三落。初弹似鸿雁来宾，极云霄之缥缈，序雁行以和鸣，倏隐倏显，若往若来。其欲落也，回环顾盼，空际盘旋；其将落也。息声斜掠，绕洲三匝，其既落也，此呼彼应，三五成群，飞鸣宿食，得所适情：子母随而雌雄让，亦能品焉。"

碧天云净，长空一色，江水微茫，鸿雁低迴，此情此景，让隐居于此，胸怀大志而不得申的观者，不仅获得了心灵洗礼和精神慰藉，更多的是超脱世俗的淡泊与宁静。

鼓棹水上，笑傲江湖——《醉渔唱晚》

《醉渔唱晚》是一首古琴曲，曲谱初见于《西麓堂琴统》（1549年），相传是晚唐诗人皮日休、陆龟蒙泛舟松江，见渔人醉歌所作，但《五知斋琴谱》认为是后人所作。

自古以来，文人雅士对渔人自由自在的生活总是充满向往，渴望像他们一样随波逐流，不为俗事烦忧。《醉渔唱晚》形象地表现出了渔夫醉酒放歌的惬意与轻松状态。南宋张元干（1091—1161）《渔家傲·题玄真子图》一词，正可作此曲的注脚：

钓笠披云青嶂绕，绿蓑细雨春江渺。白鸟飞来满棹。收纶了，渔童拍手樵青笑。

明月太虚同一照，浮家泛宅忘昏晓。醉眼冷看城市闹。烟波老，谁能惹得闲烦恼。

碧波万顷，雁阵惊寒——《渔舟唱晚》

《渔舟唱晚》是一首近代创作的古筝曲，自20世纪30年代问世以来，深受欢迎，流传很广。乐曲标题取自唐代王勃的《滕王阁序》："渔舟唱晚，响穷彭蠡之滨；雁阵惊寒，声断衡阳之浦。"生动地描绘了夕阳西下，满天晚霞，万顷碧波，渔舟中传出悠扬的歌声，响彻彭蠡湖滨，雁群感到寒意而发出惊鸣的优美景象，表现了作者对祖国和生活的无比热爱之情。

乐曲以优美典雅的曲调、舒缓的节奏，描绘出一幅渔歌四起、雁阵惊寒的生动画面，旋律优美动听，很好地诠释出"唱晚"之趣，被选为中央电视台《天气预报》主题曲，每天准时奏响夜的前奏曲，陪伴一代又一代中国人成长。

元代吴镇《渔父图》

《渔舟唱晚》的部分曲谱

山之巍巍，水之洋洋——《渔樵问答》

《渔樵问答》是中国十大古曲之一，反映了隐逸之士对渔樵生活的向往，希望能够脱去尘俗羁绊，摒弃名利得失之心，悠游林下，在青山绿水间探寻人生的真谛。

乐声清逸洒脱，节奏舒缓，创造性地采用了一问一答的方式，有着别样的情趣。明代萧鸾《杏庄太音续谱》评价说："唐人云：'汉家事业空流水，魏国山河半夕阳。'古今兴废有若反掌，青山绿水则固无恙。千载得失是非，尽付渔樵一话而已。"清代陈世骥《琴学初津》也说："曲意深长，神情洒脱，而山之巍巍，水之洋洋，斧伐之丁丁，橹声之欸乃，隐隐现于指下。至问答之段，令人有山林之想。"

山水苍茫，渔樵来往其间，其乐与不乐，自非外人可知，古人对这种生活的向往，大多是一种无奈的选择。明代的杨慎《临江仙》："滚滚长江东逝水，浪花淘尽英雄。是非成败转头空。青山依旧在，几度夕阳红。白发渔樵江渚上，惯看秋月春风。一壶浊酒喜相逢。古今多少事，都付笑谈中。"这种万般皆过往的释然，正可作为《渔樵问答》的最佳诠释。

明代谢时臣《渔樵问答图》

碧水连天，烟波浩渺——《洞庭秋思》

《洞庭秋思》是一首创作于明代的琴曲，作者无考。曲调雅致古典，音调舒缓沉静，意味深长。

"洞庭"，原是山名，《山海经·中山经》载"又东南一百二十里，曰洞庭之山"；又曾经是平原之名，如《庄子·天运》说"帝张咸池之乐于洞庭之野"，称洞庭为"野"；《湘妃庙记略》说明了"洞庭湖"名称的由来："洞庭盖神仙洞府之一也，以其为洞庭之庭，故曰洞庭。后世以其汪洋一片，洪水滔天，无得而称，遂指洞庭之山以名湖曰洞庭湖。"湘江流经洞庭湖后汇入长江，屈原《哀郢》云："将运舟而下浮兮，上洞庭而下江。"李白在《游洞庭湖》诗中也写道："洞庭西望楚江分，水尽南天不见云。"范仲淹《岳阳楼

元代张远《潇湘八景图》之〔洞庭秋月〕

记》说洞庭湖："南极潇湘，迁客骚人，多会于此，览物之情，得无异乎？"当秋色连波，波上烟波浩渺，羁旅愁思使人肠断，但无边美景又令人心旷神怡，不由得神思飞动、心潮起伏。

这首曲子正是以"洞庭秋色"为创作背景，用悠远的琴声表现思绪的流转，使人仿佛能够看到一碧天光、波平浪静的洞庭湖，在秋夜皎洁的月光下如诗如画，令人陶醉，从而涤去尘垢，净化心灵。正如宋代诗人黎廷瑞在《听琴》诗中所写的那样：

虚籁起还休，轻丝断复抽。
鬼啼湘竹雨，木落洞庭秋。
因子作浙操，令人悲楚囚。
苍梧不可叫，杳杳暮云愁。

这样的悲与愁，却并不令人绝望，因为有着美好的传说和不屈的灵魂。

春花雪月，宛转低回——《春江花月夜》

《春江花月夜》是中国古典十大名曲之一，原名《夕阳箫鼓》，意境深远，乐音悠长。后取意唐诗名篇《春江花月夜》更名，被认为是中国古典民乐的代表。

《夕阳箫鼓》以抒情写意见长，旋律雅致优美。夕阳西照下的江南水乡，鼓声轻奏，箫声呜咽，使人不由得联想起宋代词人柳永的名作《望海潮》：

重湖叠巘清嘉。有三秋桂子，十里荷花。羌管弄晴，菱歌泛夜，嬉嬉钓叟莲娃。千骑拥高牙。乘醉听箫鼓，吟赏烟霞。异日图将好景，归去凤池夸。

乐曲用温婉的旋律，雅致的情调，在听众眼前展开了优美的一幅山水画：暮鼓送走斜阳，箫声唤出明月，一叶叶小舟荡漾在春江之上，人们吟风赏月，看水天一色、花移影动、烛影摇红，多么令人着迷！真可谓"此曲只应天上有，人间哪得几回闻"。

榜讴齐引，渔歌互起——《渔歌》

《夕阳箫鼓》为听众眼前展开了一幅优美画面

渔歌是民歌的一种，指沿海地区以及湖泊港湾渔民所唱的歌曲。

古代诗文中对渔歌多有记述，如唐代王勃《上巳浮江宴序》曰："榜讴齐引，渔歌互起。"宋代范仲淹《岳阳楼记》曰："而或长烟一空，皓月千里，浮光跃金，静影沉璧，渔歌互答，此乐何极！"明代徐祯卿《送耿晦之守湖州》诗云："邮渚频挝津吏鼓，渔歌唱近使君船。"清代秦蕙田《燕子矶》诗云："帆影悬残照，渔歌入暮烟。"另有词牌名"渔歌子"，得名于唐代诗人张志和的《渔歌子》："西塞山前白鹭飞，桃花流水鳜鱼肥。青箬笠，绿蓑衣，斜风细雨不须归。"

除了经过文人加工而流传下来的渔歌，我国现存原生态民歌多已失传，"咸水歌"和"三沙渔歌"目前也面临着传承的困境，亟须加以保护。

"咸水歌"是疍家人口耳传唱的口头文化。清代屈翁山在《广东新语·诗语》中记载："疍人亦喜唱歌，婚夕两舟相合，男歌胜则牵女衣过舟也。"咸水歌一般

北宋惠崇《溪山春晓图》局部

被称为"海上吉普赛"的三亚疍家人

由上下两句组成单乐段,或由四个乐句组成复乐段。有独唱、对唱等形式,而以后者为主。对唱采用男女互答形式,问答双方的曲式结构是一样的。男唱前两句,女唱后两句。男的结束句通常为"姑妹嘿",女的结束句则为"兄哥"。世世代代的疍家人用歌声唱出了对美好生活的无尽向往与期盼,也为我们留下了一份丰厚的文化遗产。2006 年 5 月 20 日,经国务院批准,"中山咸水歌"被列入第一批国家级非物质文化遗产名录。

"三沙渔歌"因流传于福建霞浦县三沙镇而得名,形成年代已无法考证,也无文字记录,仅靠口头传授,代代相传至今。渔民根据鱼类的形态和习性,编成歌词,内容生动风趣,用当地闽南方言歌唱,土腔土调,独具一格,是闽东地区唯一保留使用闽南方言的原生态民歌,现抄录一段,以飨读者:

大海咸水起浪花,渔民最爱唱鱼歌。鱼名编作曲来唱,自古流传在三沙。
大海咸水深又深,正月十五唱渔情。章兹出在元宵水,鲤鱼出世闹花灯。
大海咸水深又深,龙王点将在龙宫。虾兵虾将骑海马,刺鲂藤牌做头阵。
大海咸水思又思,海龟背脊八卦书。龙虾威武当元帅,奇门遁甲做军师。
大海咸水浪又浪,鲨鱼海上称霸王。红瓜披挂黄金甲,身穿银袍带鱼郎。
大海咸水蓝又蓝,锁管大来变鱿筒。黄实腹脐插黄旗,红虾头上一枚针。
大海咸水浪涛涛,先锋出阵是马头。国公身上生翅膀,跳鱼步步向前跑。
大海咸水向东来,蛤蟆嘴阔透腹脐。虾蛄纱帽倒头戴,笑煞水蜓脱下颌。

大海咸水浪花浮，红梅头内二粒珠。鲵鱼膘上四个角，章兹头上八脚嘟。
大海咸水咸又咸，爱仔一生在土坪。门蟹出世撩草库，青蟳名誉透京城。
大海咸水咸又咸，马加公子上京城。红瓜来住招商店，丁香小姐出来迎。
大海咸水咸又甜，蛤蟆贪财钓金钱。身穿红杉硬壳窜，水蜓无骨软绵绵。
大海咸水流向西，乌贼落笼做媒来。无形无骸虎鱼母，一心思想岐头狮。
大海咸水浪滔滔，鲙鱼上街去七桃。碰着黄实做媒人，一心想娶打铁婆。
大海咸水长又长，昌鱼小姐坐眠床。芦鳗欢喜脱剥体，鲨鱼也想跳龙门。
大海咸水奇又奇，飞乌生卵着草枝。红梅不是红瓜仔，带柳不是带鱼生。
大海咸水透九洲，乌贼头上两条揪。红古一身六点痣，鳗鱼身体滑溜溜。
大海咸水幽又幽，乌贼吐烟倒头溜。海蜇没目难行走，虾仔帮忙做目晭。
大海咸水清又清，青蟳戈仔都横行。刀鱼身长刀法好，仗义行侠打不平。
大海咸水清又清，白力比武来招亲。春只使包大合唱，又请虾蛄来弹琴。
大海咸水宽又宽，鲤鱼传信过台湾。四海同心归一统，海中鱼虾庆团圆。

第十章 浮想联翩——水与雕塑

雕塑是古老的造型艺术，是雕、刻、塑三种艺术方法的总称，它是利用砖、石、玉、木、竹、骨、金属等材料，通过塑、雕、刻制作的各种艺术形象。我国以水为题材的雕塑有很多，如大禹塑像、龙王塑像、镇水铁牛等，无不昭示着水在人类生活中扮演的重要角色。

大禹治水，万民景仰——大禹塑像

大禹是我国古代著名的治水英雄，传说他在外理治水患13载，三过家门而不入。水灾解除后，他又带领百姓开垦田地，种植庄稼，创造出天下大治，民心安乐的升平盛世。大禹的精神事迹激励着世世代代的中国人，人们为了纪念他，歌颂他的丰功伟绩，塑造出许多大禹塑像，至今仍然盛行。

郑州黄河游览区大禹塑像

郑州黄河游览区大禹塑像

安徽怀远大禹塑像

这尊大禹塑像位于黄河游览区五龙峰两侧的骆驼岭景区。大禹头戴斗笠，身穿短衣，左手指向黄河入海处，右手执长柄锸，虽风尘仆仆、满面风霜，但却显得气宇轩昂、气度不凡。像座由粗麻石砌成，上面镌刻有"美哉禹功，神德远亦"八个大字。

安徽怀远大禹塑像

怀远大禹塑像，白乳泉公园东南荆山半坡和老西门外禹王路口各有一处。

荆山半坡大禹塑像落成于1989年，背依荆山，面朝涂山、淮河。塑像由白色花岗石雕凿而成。大禹像高9.5米，重20余吨。大禹头戴圆形斗笠，左手握长柄神耒，右手半握抬起，脚踏水怪，坚定地望着前方，给人以必胜的信心。

老西门大禹塑像落成于1995年，像高5.7米，基座10米，由褚红色花岗石雕成。大禹头戴斗笠，左手执耒，右手挥出，袍袖随风鼓起，目光炯炯，神采飞扬，再现了当年召唤千军万马与洪水搏斗的雄姿。基座正面为磨光花岗石线刻壁画。内容为"禹会诸侯""禹娶涂山""禹镇蛟龙""洪归大海"等。碑的背面为著名历史学、地理学教授谭其骧所撰写的"禹娶禹会禹生启于怀远涂山"的碑文。

四川汶川大禹塑像

在四川省汶川县威州路口，矗立着一尊高达16米、重30吨的大禹铜像。这尊塑像是雕塑家许鸿飞的作品，从构思到成稿，用了将近1年时间。大禹头戴斗笠，身披蓑衣，右手执耒锸，左手叉在腰间，虽然一身风尘，满面尘灰，但双腿坚实、面容坚毅，有着气吞山河的英雄气概。雕塑底座所刻的《大禹雕像记》写道：

四川汶川大禹塑像

汶川地动，惨绝人寰。南粤驰援，百废重兴。嗟乎，今人虽承古人之仁爱，而智勇者不啻古人哉，遂立圣像于威州，感其睿智、勤奋、亲民，曰华夏之魂也！

浙江绍兴大禹陵禹王殿大禹塑像

浙江绍兴大禹陵禹王殿始建于南朝梁大同十一年（545年），朝代更迭时多次重修。

浙江绍兴大禹陵禹王殿大禹塑像

现存大殿建筑是1934年在清代建筑的基础上加以修缮的,故保留着明、清建筑的部分风貌。1953年重建的大殿内有大禹立像,高2.85米,一改人们心目中大禹的形象,身着帝王华服,面色沉静,神态威严,彰显出一副君临天下的气势。

河南禹州大禹塑像

河南禹州大禹塑像

这尊大禹像位于河南省禹州市禹王大道与画圣路交汇处,是禹州的标志性建筑。大禹挺立于巨大的花坛中央,前腿弓,后腿蹬,左手执耒,右手高举过顶,展现出勇往直前、战天斗地的雄姿。

山东兖州九州广场大禹塑像

《尚书·禹贡》记载:"禹别九州,随山浚川,任土作贡。"上古时期洪水横流,不辨区域,大禹治水以后则根据地理概况,依照名山大川的自然分野,划分为冀、兖、青、徐、扬、荆、豫、梁、雍九州,故曰九州。相传大禹定州的地点就在兖州,兖州人塑起雕像,以纪念这位英雄始祖。

水利功臣,万世膜拜——李冰父子塑像

山东兖州九州广场大禹塑像

李冰父子塑像

都江堰建于公元前256年,是战国时期秦国蜀郡太守李冰及其子率众修建的一座大型水利工程,是全世界至今为止,年代最久、唯一留存、以无坝引水为特征的宏大水利工程。2200多年来,至今仍发挥巨大效益。李冰治水,功在当代,利在千秋,是造福于民的伟大水利工程。都江堰建成后,成都平原变得非常富饶,正如《史记》所说:"人不知饥馑,时无荒年,天下谓之'天府'也。"

在这尊塑像中,李冰父子正在研究水情水务,李冰

右手微抬，与儿子认真商谈治水方略，显得儒雅仁厚，其子则身子前倾，目视前方，尽显干练之态。

水母坐瓮，感天动地——晋祠水母楼

水母楼位于晋祠圣母殿旁边，内有一尊铜铸水母像，高1米多，端坐于瓮形莲花座上，头发散乱，一副村妇模样，与一般神像的雍容华贵大不相同。水母的这一形象源于一段美丽的传说。

晋祠水母楼水母铜像

传说在很久以前，悬瓮山一带没有水，百姓要到很远的地方去挑水吃。有一家媳妇叫柳春英，不仅心灵手巧贤惠能干，而且心地善良，孝顺公婆。但柳春英的婆婆心肠狠毒，经常找碴折磨她。这一天，婆婆要洗头，要柳春英必须在天黑前必须挑十担水回来，否则就要惩罚她。柳春英挑着水桶出了门，一直到天快黑了才挑到第九担，她累得实在走不动了，就坐在路边歇息。正在这时，一位老人骑着驴路过，对她说："我都一天没喝水了，好心人给我点水喝吧。"柳春英赶忙让老者坐下，拿瓢舀水给他喝。老人很渴，不一会儿把一桶水全喝光了。他又对柳春英说："我那头毛驴也渴了，你能把那桶水给它喝了么？"柳春英犹豫了一下，还是答应了。老人又骑着毛驴上路了，柳春英只好挑着两个空桶，返回去担水。但此时天已经黑了，十担水挑不完了，想到婆婆凶恶的样子，柳春英不敢回家，坐在路边伤心地哭泣。

忽然一阵风吹过，骑驴的老人又回来了。他对春英说："好心的孩子，不要哭了，你帮助了我，让我送你一件礼物吧。你拿上我的鞭子，回家后把它放在水缸里面，想要水就在缸里抽一鞭。千万要记住，每天最多抽三鞭，不能贪心，不然一定会酿成大祸。"刚一说完，老人就不见了。

柳春英高高兴兴拿着鞭子回家里一试，果然抽一鞭缸里的水就涨了一半，媳妇又抽了两鞭，待水缸满子，就把鞭子收好。几天后，婆婆发现媳妇不再出门担水，家里的水

用也用不完,觉得很蹊跷,就悄悄地窥视春英的一举一动,终于发现了鞭子的秘密。贪心的婆婆就逼迫春英每天多抽几鞭,可春英不肯,婆婆就怀恨在心。一天,婆婆偷偷地拿着鞭子到后院,在水缸里使劲抽起来。一下子缸里的水汹涌而出,大水蔓延到了前院。正在梳头的春英,来不及挽好头发,听到婆婆的喊声便跑了过来,见势不妙,她情急之下坐在了缸上。缸里的水流顿时变小了,化作了涓涓溪流。后人为了纪念舍己救人的柳春英,便尊称她为"水母娘娘",还塑了一尊像来纪念她。

天上玉皇,地上龙王——龙王塑像

颐和园龙王庙龙王塑像

龙王庙

龙王,是神话传说中在水里统领水族的王,掌管兴云降雨。在《西游记》中,龙王分别是:东海敖广、西海敖钦、南海敖润、北海敖顺,统称为四海龙王。龙王治水是中国民间极为普遍的信仰,专门供奉龙王的庙宇几乎与城隍、土地的庙宇数量相当。每逢风雨失调,久旱不雨,或久雨不止时,民众都要到龙王庙烧香祈愿,以求龙王治水,风调雨顺。

有趣的是,如果久旱不雨,人们给龙王献贡烧香也无果的情况下,便会"罚神"。杨存田的《中国风俗概观》

一书便记载了1959年发生在山西上党的一件事。由于那年上党干旱无雨，前三天村民们先是到龙王庙进香求雨，给龙王穿上崭新的龙袍，献上丰盛的贡品，是为"敬龙王"。但三天后仍滴雨未下，于是村民们便开始抬着龙王塑像到河边转圈，让龙王也尝尝被烈日暴晒的滋味，是为"晒龙王"。三天后还不下雨，村民剥掉龙王的龙袍，把龙王像扔到干涸的河滩上，撒尿在龙王塑像上，是为"尿龙王"。直到后来下了雨，村民才又重新把龙王像抬回龙王庙里贡奉。

铁牛镇水，五行相克——镇水铁牛

《周易》云："牛象坤，坤为土，土胜水。"在古代，牛被认为有无穷的神力，人们运用金、木、水、火、土五行相克的原理，铸铁牛以镇水安澜。《太平广记》中记载有李冰化身为牛治水的故事：

李冰为蜀郡太守，有蛟岁暴，漂垫相望。冰乃入水戮蛟，已为牛形，江神龙跃，冰不胜，及出，选卒之勇者数百，持强弓大箭，约曰："吾前者为牛，今江神亦必为牛矣，我以大白练自束以辨，汝当杀其无记者。"遂吼呼而入，须臾，雷风大起，天地一色。稍定，二牛斗于水上，公练甚长白，武士乃齐射其神，遂毙。从此蜀人不水所病。

江苏淮安高堰镇水铁牛

据史料记载，历史上洪泽湖大堤多次溃决，几乎每两年就要决口一次，给百姓生活带来灾难。清康熙四十年（1701年），清朝政府为了治理洪泽湖，除了继续加固大堤外，河道总督张鹏翮（1649—1725）还主持铸造了16头镇水铁牛。铁牛今存五条，江苏省淮安市淮阴区南陈集镇高堰街东淮沭河边的这条铁牛是其中之一。铁牛身长1.70米，宽0.57米，高0.68米，有厚0.07米的一块铁板与牛身铸为一体，共重约2.25吨。

江苏高邮马棚湾铁牛

马棚湾铁牛也是张鹏翮所铸16条铁牛中的一条。牛身长1.70米，宽0.78米，高0.80米，

江苏扬州邵伯镇铁牛

重约1.5吨。虽然随着岁月的变迁，这只铁牛已经出现破损，但仍能看出它的不凡神采：牛身侧卧，前腿蜷曲，首部昂起，双目圆睁，仿佛随时都要一跃而起，对抗滔滔洪水。铁牛肩腹部铸有铭文曰：

惟金尅木蛟龙藏，惟土制水龟蛇降。铸犀伏镇奠维扬，永除昏垫报吾皇。

意思是说，按五行相克的原理，蛟龙惧铁，牛是土性，土能克水，铁牛集铁、土的属性于一身，故能用来镇守江堤，以阻洪水。现在铸了一头大铁牛，一定能永除水患，解救万民，报答皇上浩荡隆恩。铭文下面还刻有一行小字：辛巳午日铸。监道宫王国用。

江苏扬州邵伯镇铁牛

邵伯镇铁牛也是张鹏翮主持铸造的铁牛之一，保存完好，长1.98米，高1.10米，腹空，重约2吨。造型仍采用卧姿，只是更为端正，显出气吞万里的气势。铭文为咸丰二年（1852年）诗文学家董恂（1807—1892）所补传。董恂是邵伯镇人，道光进士，一生历道光、咸丰、同治、光绪四朝，官至户部尚书。他曾编纂邵伯镇志《甘棠小志》。铭文曰：

淮水北来何决决，长堤如虹固金汤。冶铁作犀镇甘棠，以坤坎柔克刚。容民畜众保无疆，亿万千年颂平康。

湖北省江陵县荆江铁牛

湖北省江陵县荆江铁牛

由于荆江水患不断，清咸丰九年（1859年），朝廷在荆江北岸的郝穴镇置镇水铁牛一尊。这尊铁牛造型独特，蹲坐在岸边，嘴微张，双眼炯炯，目视江面，密切注意着江上的一举一动。有诗赞道："桥首遥望一铁牛，独立江边几千秋，风吹遍地无毛动，雨洒浑身有汗流，嫩草惜多难起口，长鞭任打不回头，至今鼻上无绳索，天地为栏夜不收。"铁牛背上铸有铭文：

嶙嶙峋峋，其德贞纯；吐秀孕宝，守捍江滨；骇浪不作，怪族胥驯；翳千秋万代兮，福我下民。

这尊铁牛是人们同长江水患进行顽强斗争的历史见证，更是中华民族坚韧不屈的精神象征。

山西永济黄河铁牛

黄河铁牛（开元铁牛）亦称唐代铁牛，放置于永济市西面15公里蒲州城西的黄河古道两岸。每只铁牛旁边都立着一位牵牛人，姿态各异，有男有女，均是胡人模样。

山西永济黄河铁牛

后
记

荣格说："每一个原始意象中都有着人类精神和人类命运的一块碎片，都有着我们祖先的历史中重复了无数次欢乐和悲哀的一点残余。"(《心理学与文学》，三联书店1987年版，第121页。)水作为一个见证了人类从蒙昧到文明的具体物象，不仅有着教化、助人伦的社会功能，还有穷神变、测幽微的文艺功能，其意象不可避免地呈现出了极为复杂和多元的特征，也无可争议地成为了文学艺术创作的主要素材之一，可谓形式多样、历久弥新。

上古时期华夏先民生活上依赖水，他们依水而生，但同时也畏惧水。当洪水泛滥、狂风暴雨摧毁了家园，束手无策的人们开始产生种种幻想，希望能有神一般的英雄人物来控制住肆虐的水难灾害。在这种思想支配下，中国最早的文学作品——洪水神话被创作了出来，如"女娲补天""精卫填海""大禹治水"等。这些神话反映出了人们朴素的自然观与生命观，不仅是研究先民生活的重要资料，还散发出独特的艺术魅力。

进入文明社会，随着生产力水平的不断提高，人们在与水的长期相处与斗争中学会了如何与之和平共处，并开始用理性的眼光审视水，希望能够从水的特质中发现可以比附的人之德性，从而用来修身养性、改良社会风气。这就是先秦时期比较盛行的以水"比德"。儒家借水德培养"智者乐水"的君子人格，道家借水德倡导"贵柔不争"的社会理想。由此，水被赋予了人的德性、情性与性格，人性美与水性美被联系在了一起。

到了两汉时期，随着汉帝国经济的发达与国力的日渐强盛，社会生活趋于安定，人们可以游览大好河山，对水的观察与体认更为细腻，再加上统治者迫切需要歌功颂德，以彰显国威，作家们运用赋、诗等文体从各个角度对水进行描摹，使它有了声、色、光、影，并逐渐成为了人们寄托情怀的媒介，故钱钟书先生说："颇征山水方滋，当在汉季。"(钱钟书:《管锥编》第三册，中华书局1979年版，第1036页)

魏晋南北朝被鲁迅先生称为"文学的自觉时代"(鲁迅:《魏晋风度及药与酒的关系》《而已集》《鲁迅全集》第三卷，人民文学出版社2005年版，第526页)，文学艺术开始独立，作为重要创作对象的水也随之成为了独立的审美对象，从原生态的自然之水向具有艺术之美的审美意象转变，山水诗、山水画的创作蔚然成风，到了唐宋时期逐渐发展成一种定式，开放出了璀璨的文学艺术之花。

本书从文学艺术的角度观照了水在不同文学艺术形式中的百变风情，希望能够图文并茂地展现水的审美内涵与外延，为水文化研究增添一抹亮色，也为学界进一步深入研究水与文学艺术的关系起到抛砖引玉的作用。

作者

2015年2月

图书在版编目（CIP）数据

图说水与文学艺术 / 朱海风，张艳斌，史月梅著
. -- 北京：中国水利水电出版社，2015.4
（图说中华水文化丛书）
ISBN 978-7-5170-3123-9

Ⅰ. ①图… Ⅱ. ①朱… ②张… ③史… Ⅲ. ①水一文化－中国－通俗读物 Ⅳ. ①K928.4-49

中国版本图书馆CIP数据核字(2015)第080780号

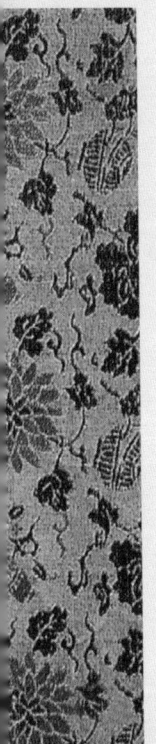

丛 书 名	图说中华水文化丛书
书　　名	图说水与文学艺术
作　　者	朱海风　张艳斌　史月梅 著
出版发行	中国水利水电出版社
	（北京市海淀区玉渊潭南路1号D座 100038）
	网址: www.waterpub.com.cn
	E-mail: sales@waterpub.com.cn
	电话: (010) 68367658 (发行部)
经　　售	北京科水图书销售中心 (零售)
	电话: (010) 88383994、63202643、68545874
	全国各地新华书店和相关出版物销售网点
书籍设计	李菲
印　　刷	北京印匠彩色印刷有限公司
规　　格	215mm×225mm 20开本 11印张 209千字
版　　次	2015年4月第1版　2015年4月第1次印刷
印　　数	0001—4000册
定　　价	60.00 元

凡购买我社图书，如有缺页、倒页、脱页的，本社发行部负责调换
版权所有·侵权必究